RICHARD WILLIAMS

# BOB DYLAN

*Eine Bildbiographie*

COLLECTION
ROLF HEYNE

# RICHARD WILLIAMS
# BOB DYLAN

*Eine Bildbiographie*

# WILHELM HEYNE VERLAG

## MÜNCHEN

Titel der englischen Originalausgabe:
DYLAN. A man called alias

Ins Deutsche übertragen von Michael Schmidt

Die Originalausgabe erschien 1992 im Verlag
Bloomsbury Publishing Ltd., London

Buchgestaltung: Bradbury and Wiliams
Umschlaggestaltung der deutschen Ausgabe:
Norbert Härtl, München
Herstellung: Paul Fugmann
Satz: Kort Satz GmbH, München
Printed by Dai Nippon, Hong Kong
ISBN 3-453-05923-9

BILDNACHWEIS:

*Schutzumschlag:*
Vorderseite, Vordergrundfoto: Jan Persson
Vorderseite, Hintergrundfotos (im Uhrzeigersinn von
unten links): David Wainwright/Relay; Brian Shuel/
Redferns; Redferns; Ken Regan/
London Features International; Aaron Rapoport/Retna
Pictures
Rückseite: Jan Persson

*Aufmacherseiten der Kapitel:*
Einleitung: Rex Features
1. Kap.: Hibbing High School, Hibbing, Minnesota
2. Kap.: Jim Marshall
3. Kap.: Jan Persson
4. Kap.: Popperfoto
5. Kap.: Michael Ochs Archives
6. Kap.: Chalkie Davies/Relay
7. Kap.: David Wainwright/Relay
8. Kap.: London Features International

Für Susanne Vincent

»Es ist immer einsam, wo ich bin.«
Bob Dylan, 1965

Bob Dylans Traum

 Und immer noch setzen wir ihm zu und belästigen ihn mit unseren Forderungen: Er solle doch das Lied singen, das wir im Herbst 1963 in der Abhörkabine eines Plattenladens gehört hatten – das Mädchen eng umschlungen, das auf einer Ferienpostkarte geschrieben hatte, sie hätte diesen Sänger in Frankreich im Radio gehört, »Bob Dillon« oder so hätte er geheißen, und ob wir nicht versuchen könnten, seine Platte zu bekommen, wenn sie wieder zu Hause sei. Und das taten wir dann auch, und uns gefiel, wie er da mit seiner Freundin auf dem Cover abgebildet war, zwei smarte, strahlende Kinder, Arm in Arm mitten auf der Straße, und heute abend möchten wir, daß er uns diesen Song noch einmal spielt und daß er wieder genauso klingt wie damals. Bloß keine Zerstörung unserer kostbaren Erinnerungen, bitte!

Oder vielleicht sollte er es diesmal anders bringen, so, wie er es noch nie gebracht hat, vollkommen anders als in den letzten dreißig Jahren, denn ist er nicht der Typ, der sich neu gestalten kann? Das kann er doch? Dafür bezahlen wir ihn ja schließlich, oder?

Stellen Sie sich bloß mal vor, Sie müßten dreißig Jahre unter einem derartigen Druck leben. Und dabei wüßten Sie auch noch, daß alles, was Sie heute tun, sei es auch noch so trivial oder banal, von irgend

jemandem auf einem anderen Kontinent unter die Lupe genommen wird und daß dieser Jemand jedes Detail in seinen Computer eingibt, um es anhand der Informationen zu überprüfen, die ihm sein internationales Verbindungsnetz liefert, und es anschließend in die Datenbank Ihres Lebens einspeichert.

Nehmen wird also mal an, Sie wären Bob Dylan. Dann muß Ihnen die Welt doch lange Zeit ziemlich irre vorgekommen sein. Zum Beispiel 1965. Sie sind gerade vierundzwanzig Jahre alt. Sie haben bereits *Blowin' in the Wind* geschrieben, *Masters of War, The Lonesome Death of Hattie Carroll, Ballad of Hollis Brown*. Sie sind schon gemeinsam mit Martin Luther King aufgetreten. Sie haben eine ganze Generation dazu gebracht, über Krieg, Unrecht, Unterdrückung nachzudenken. Und dann kommen Sie auf einem ausländischen Flughafen an, und ein Reporter fragt Sie: »Die Lieder, die Sie da singen – glauben Sie wirklich alles, was da drin vorkommt?« Was sollen Sie nun darauf erwidern?

In gewisser Hinsicht ist Bob Dylan selbst daran schuld. Es fing damit an, daß er sich einen Namen ausdachte, der sich besser anhörte als der, mit dem er geboren war, und er dann Geschichten über sich selbst erfand, um Leute zu beeindrucken, die sich sonst wohl kaum für den schmächtigen Ladenbesitzerssohn aus

einem Bergarbeiternest in Minnesota interessiert hätten. »Ich habe gerade Bob Dylan gespielt«, sagte er manchmal zur Erklärung eines nicht mit ganzem Einsatz absolvierten Auftritts – jeder Mythos hat eben seinen Preis: Es ist die Erwartungshaltung, die damit verbunden ist. Und wenn Sie sich einen Nimbus schaffen, mit dem Sie eigentlich nicht zurechtkommen, kann das Leben zuweilen schon ganz schön hart werden.

Okay, wir haben ihm seinen Mythos abgekauft. Denn das war genau das, was wir brauchten. Wir haben nur die Seite der Geschichte verstanden, die wir verstehen wollten, und das brachte uns dazu, ihn für wichtiger als jeden anderen Wortführer seiner Generation zu nehmen. Wir brauchten ein Symbol, und er ließ es zu, daß unsere Wahl auf ihn fiel. Aber dann verlangten wir von ihm, er müsse genau das sein, was wir von ihm erwarteten – das gehörte einfach zu unserem Pakt.

Manchmal hieß es, er habe sich selbst »neu gestaltet«: als mitreißenden Rocker, als Countrysänger mit der sanften Stimme, als vagabundierenden Troubadour. Wir akzeptierten das und befriedigten damit zugleich unsere Wunschvorstellung, das Leben sei in vollen Zügen nach Lust und Laune zu genießen. Wir selbst konnten das einfach nicht so leben, also ließen wir ihn es stellvertretend für uns tun.

Doch seiner Meinung nach hatten wir das völlig falsch verstanden: Er gestaltete sich ebensowenig von neuem wie wir. Doch wir hatten uns nun einmal in unseren Wunschtraum verliebt, dafür hatten wir schließlich auch Eintritt bezahlt und konnten also verlangen, daß er danach lebte. Und heute tun wir so, als ob er uns etwas schuldig geblieben sei.

Nobody is perfect. Da hat er uns mit mittelmäßigen Platten beglückt und noch schlechteren Konzerten und einem furchtbaren Film, und zweifellos hat er sich hin und wieder auch danebenbenommen. Aber es wäre sinnlos, ihn in ein Schema pressen zu wollen. Was auch immer ihn jetzt in eine bestimmte Richtung treibt, hat auch zuvor all seine bisherigen Entscheidungen bestimmt: seine Leidenschaft, und die hat ihn in erster Linie zu dem gemacht, der er war und der er ist. Dazu gehört auch das Wirre, das Widersprüchliche, ja selbst das Perverse, denn darin drückt sich genauso seine Humanität aus wie in seinen Meisterwerken. Und wenn man sich ansieht, was er in den letzten dreißig Jahren gesagt hat, muß man einfach verblüfft darüber sein, wie exakt er sich selbst erkannt hat.

»Bob Dylan bin ich nur, wenn ich Bob Dylan sein muß«, sagt er von sich. »Die meiste Zeit bin ich bloß ich selbst.« Doch das genügt uns nicht. Wir verlangen, daß er die ganze Zeit einzig und allein Bob Dylan ist. Und das unterscheidet ihn beispielsweise von Frank Sinatra oder Elvis Presley, das macht ihn so einzigartig: Jeder von uns hat eine andere Vorstellung davon, wer Bob Dylan ist, und darum hat er eine stattliche Zahl Bob Dylans zu sein. Um ein extremes Beispiel zu nennen: Angeblich sind über 500 enttäuschte Bob-Dylan-Fans in einem Polizeicomputer erfaßt, weil sie damit gedroht haben, sie würden ihm etwas antun. Das sind also schon mal 500 Bob Dylans, die nichts mit Ihrer oder meiner Vorstellung von Bob Dylan zu tun haben.

Es ist schon ein Kreuz mit den Fans. »Ich halte mich nicht für irgend jemandes Fan«, sagt der Mann, dessen eigenes Leben durch die Verehrung für Hank Williams, Elvis Presley, Little Richard, Jimmy Rodgers, Robert Johnson und Woody Guthrie geprägt wurde. »Ich bin eher ein Bewunderer, und warum sollte ich dann irgend jemanden für einen Fan von mir halten?« Da er uns also nahezulegen versucht, bei aller Bewunderung nüchtern zu bleiben, könnten wir es auch ihm gegenüber genau so halten.

Er hat auch etwas gegen das Interpretieren, und das kann man ihm nicht zum Vorwurf machen. Er schreibt einen Song und singt ihn – Sie sind sein Zuhörer. Er hält überhaupt nichts davon, daß ein Dritter sich anheischig macht zu erklären, was er gemeint hat. Er möchte auch nicht, daß wir die Ereignisse, von denen seine Songs erzählen, für Ereignisse aus seinem Leben halten. Ein Künstler greift Themen aus dem Leben auf und bearbeitet sie. Wer die Dinge wörtlich nimmt, schmälert ihren Sinngehalt. Daher sind seine Songs nur seine Songs – sie erzählen aber nicht sein Leben. Und in diesem Sinne schreibe ich Bob Dylans Story – aber beschreibe nicht sein Leben.

*» Eine*

*türkisfa*

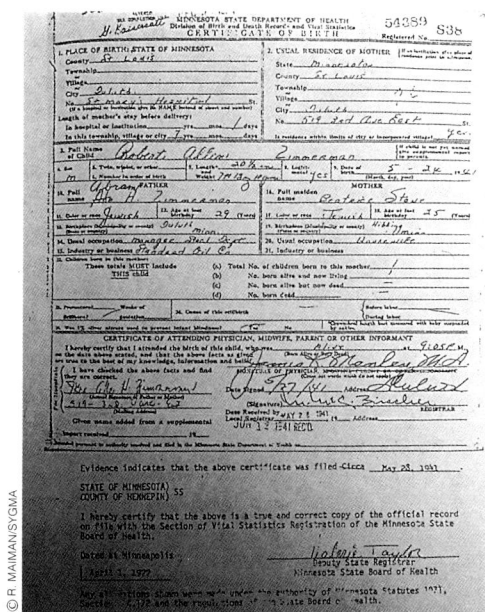

So einfach war das alles. Zuerst gab es das Radio, das Botschaften aus dem Äther holte. Dann kamen der Plattenspieler und der kleine Stapel 45er, und jede kannte er in- und auswendig. Dann eine Gitarre, selbstgebastelt oder von jemandem abgestaubt, oder vielleicht auch ein altes Banjo mit einem halben Kopfhörer aus Armeerestbeständen, das eine Kabel unter dem Steg angeklebt, das andere ins Röhrenradio gesteckt – war das nicht fast schon ein Tonabnehmer mit Verstärker? Dann ein Freund mit einer richtigen Gitarre und ein anderer mit einer kleinen Trommel vom Trödler. Und schließlich, an einem Samstagnachmittag, in einem Teenagerzimmer oder in einer leeren Garage, die ersten zaghaften Versuche, jene Signale zu imitieren, die von irgendeinem magischen Ort ausgingen: *Heartbreak Hotel* vielleicht oder *Rock Island Line.* Und diese elektrisierende Kraft – jene Kraft, die man spüren konnte, wenn die schwingende offene E-Saite stammelnd zu A und B in der Drei-Saiten-Matrix des Rock 'n' Roll überleitete und wenn die Rhythmusgitarre diese Melodie übernahm –, diese Kraft also würde nie vergehen. In diesen einfachen Elementen lag mehr als nur die Struktur eines Songs: Sie enthielten bereits die Umrisse, den Entwurf einer neuen Kultur und einer neuen

Welt – jedenfalls etwas ganz anderes als die Welt der Eltern und was diese für den Sohn vorgesehen hatten.

Robert Allen Zimmerman wurde am 24. Mai 1941 in Duluth in Nord-Minnesota als Sohn von Abraham und Beatrice Zimmerman geboren. Beide waren Nachfahren osteuropäischer Juden: Abes Vater hatte eine Schuhfabrik in der Ukraine besessen, Beattys Großeltern kamen aus Lettland und Litauen. Sie waren allesamt vor den Verfolgungen im zaristischen Rußland geflohen – klassische Emigranten aus

DIE GEBURTSURKUNDE: ROBERT ALLEN ZIMMERMAN WURDE AM SAMSTAG, DEN 24. MAI 1941, UM 21 UHR IM ST. MARY'S HOSPITAL VON DULUTH IN MINNESOTA GEBOREN.

DIE ZIMMERMANS WOHNTEN IM OBEREN STOCKWERK DIESES ZWEIFAMILIENHAUSES IN DULUTH, 519 THIRD AVENUE EAST.

»The iron ore poured/As the years passed the door/The drag lines and the shovels they was a-hummin'«: Tagebau der Hibbing Taconite Company auf der Iron Range.

der Zeit vor dem Ersten Weltkrieg. Auch Abe wurde in Duluth geboren, wo sein Vater zunächst als Hausierer und dann als Verkäufer in einem Schuhladen tätig gewesen war und allmählich eine solide Existenz für eine Familie gegründet hatte, der harte Arbeit zur zweiten Natur wurde. Abe, eines von einem halben Dutzend Kindern, war schon mit sieben Schuhputzer und Zeitungsjunge gewesen, doch als er 1934 Beatty Stone heiratete, hatte er sich immerhin schon zum stellvertretenden Bürovorsteher für Standard Oil in Duluth emporgearbeitet. Die Zimmermans waren ein Paar, das sehr auf eine umsichtige Familienplanung bedacht war: Sieben Jahre lang sorgten sie sich um eine solide Existenzgrundlage, ehe das erste ihrer beiden Kinder geboren wurde.

Abe verlor 1945 seinen Job bei Standard Oil – nach dem Ende des Krieges gingen die Aufträge zurück. Gleichwohl kam im darauffolgenden Jahr sein zweiter Sohn, David, zur Welt. David war erst ein paar Monate alt, als Abe an Kinder-

lähmung erkrankte und ein halbes Jahr lang untätig zu Hause bleiben mußte. Als er sich wieder einigermaßen erholt hatte, beschloß die Familie nach Hibbing überzusiedeln, einem Eisenerzstädtchen nahe der kanadischen Grenze, wo Beatty vor ihrer Heirat zu Hause gewesen war. Hier hatten sich seinerzeit beide Linien der Familie, die Stones und die Edelsteins, niedergelassen. In Hibbing lebten etwa 17 000 Menschen meist ost- und südeuropäischer Herkunft. Von den landschaftlichen Schönheiten des Städtchens war längst nichts mehr zu sehen, denn nach den Holzfällern waren die Bergarbeiter gekommen, die im Tagebau das Land mit riesigen Erdlöchern verunstalteten, wo immer sich Eisenerz dicht unter der Oberfläche befand. Wie bei allen Bergarbeiterstädten war auch Hibbings Wohlstand abhängig von Angebot und Nachfrage auf dem Rohstoffmarkt. Dort angekommen, stieg Abe Zimmerman mit zweien seiner Brüder in den Möbel- und Elektrokleingeräte-Handel ein, während er mit seiner Familie zu Beattys Eltern zog.

Man kann sich unschwer vorstellen, wie Bob, ein zierlicher, ruhiger, rundgesichtiger Junge, sich so kurz vor der Pubertät in dieser traditionsbewußten Industrieansiedlung Mitte der fünfziger Jahre gefühlt haben muß. Er war gerade im Teenager-Alter, als *Saat der Gewalt* und *...denn sie wissen nicht, was sie tun* Einzug ins Städtchen hielten und einen unwiderstehlichen Zauber auf die Phantasie der Jungen und Mädchen ausübten, denen es bald nicht mehr genügte, den Fußstapfen ihrer Eltern zu folgen. »Bob war anders«, hat

ALS ABE ZIMMERMAN SEINEN JOB BEI DER STANDARD OIL IN DULUTH VERLOR, WOHNTE ER MIT SEINER FAMILIE EIN PAAR JAHRE BEI DEN SCHWIEGERELTERN IN HIBBING. 1952 ZOGEN SIE DANN IN DIESES ECKHAUS AN DER SEVENTH AVENUE IM STADTTEIL FAIRVIEW ADDITION.

Als James Dean 1956 mit »...denn
sie wissen nicht, was sie tun« nach
Hibbing ins Kino kam, hatte Bobby
Zimmerman sein Idol und Vorbild
gefunden. Bald waren die Wände
seines Zimmers mit Bildern des
jungen Schauspielers gepflastert.

Nach Hank Williams, Johnny Ray
und Bill Haley spielte
Elvis Presley eine musikalische
Schlüsselrolle im Leben des jungen
Dylan. Als Elvis 1977 starb,
hat Dylan »eine Woche lang mit
niemandem gesprochen«.

Echo Helstrom, seine erste Liebe, einmal gesagt. »Die meiste Zeit war er in sich gekehrt, und das war seine Art der stillen Rebellion.« Er mochte zwar auch Wildwestgeschichten, aber an den Wänden seines Zimmers hingen Bilder von James Dean.

Im Grunde haben der uneigennützige Fleiß und die Sparsamkeit von Millionen Abe und Beatty Zimmermans erst die Rebellion eines Bob Dylan ermöglicht. Weil sie ihr Leben in ihrem sozialen Umfeld erfolgreich gestalteten, konnte er sich den Luxus erlauben, zu träumen, und weil die Eltern sich streng an den engstirnigen gesellschaftlichen Konventionen ausrichteten – wie sonst hätten sie sich einen gehobeneren Lebensstandard leisten können –, konnte ihr Sohn dagegen aufbegehren. Man kann durchaus rebellieren, ohne »zu wissen, was man tut«, aber man kann nicht rebellieren, ohne irgend etwas hinter sich zu lassen und zu überwinden, und dafür eignete sich das ruhige, fleißige Leben der Zimmermans hervorragend.

Nach den Maßstäben vieler Menschen genoß Bob eine privilegierte Jugend: Als er elf oder zwölf war, konnte es sich sein Vater dank der glänzenden Geschäfte von Zimmerman Furniture and Electric leisten, seinem Sohn bei einem Versandgeschäft eine Sears-Roebuck-Gitarre zu bestellen, auf der er die Hillbilly-Balladen von Hank Williams zu hämmern begann, die ihn im Radio und vor den Plattenspielern von Freunden und Verwandten so gefesselt hatten. Und mit fünfzehn bekam er eine fünf Jahre alte Harley Davidson

geschenkt. Irgendwann zwischen diesen beiden Ereignissen hatte er James Dean im Kino gesehen und damit angefangen, im Radio die Sender der Schwarzen einzustellen, die aus dem fernen Shreveport in Louisiana und aus Little Rock in Arkansas die Musik von Rhythm-and-Blues-Platten ausstrahlten. Während die meisten Teenager in Hibbing von Pat Boone und Patti Page schwärmten, hörte Bob Johnny Aces *Pledging My Love*, Chuck Berrys *Maybellene* und Little Walters *My Babe*.

So also wurde der weiße Rock der Sechziger – der Beatles und der Rolling Stones – geboren: Einzelne Schuljungen fühlten sich Mitte der fünfziger Jahre von einer Reihe scheinbar geheimer Codes intuitiv berührt, lernten sie auswendig (sie drehten das Radio leiser, während die Eltern und die größeren Geschwister vor dem Fernseher saßen, und wurden auf dem Heimweg von der Schule zu Stammkunden im örtlichen Plattenladen) und griffen dann innerhalb eines Jahrzehnts diese Codes auf und wandelten sie in eine eigene Sprache um.

1955, während seiner Junior-High-School-Zeit, gründete Bob Zimmerman seine erste Band, The Golden Chords. Monte Edwardson spielte Gitarre, Le Roy Hoikkala Schlagzeug, und Bob spielte Klavier, Gitarre und Mundharmonika und war auch der Sänger der Gruppe. Abe Zimmermans Garage war ihr improvisiertes Studio. Nach ein paar Wochen spielten die Golden Chords bei unbedeutenden örtlichen Veranstaltungen und Talentshows, aber bereits im Herbst lösten sie sich wieder auf, denn Bob war einem neuen Zauber erlegen. Zu Johnny Ace und Fats Domino hatte sich auf den schwarzen Sendern eine neuere, wildere Stimme gesellt: die des zweiundzwanzigjährigen Richard Penniman, der sich Little Richard nannte und als erster die ekstatische Trance des kirchlich Sakralen mit den Songstrukturen und -inhalten von Rhythm and Blues verband. Als *Tutti Frutti* und *Long Tall Sally* im Radio gespielt wurden, hatte die Konkurrenz gegen diesen

schreienden, hämmernden Wahnsinn keine Chance. Bob Zimmerman türmte sein Haar mit viel Frisiercreme zur Hochfrisur auf, übte mit der rechten Hand am äußersten Ende der Klaviertastatur hämmernde schnelle Triolen und quälte seinen Kehlkopf, bis er Richards unbändigen schrillen Schrei annähernd nachahmen konnte. Als die anderen Mitglieder der Golden Chords dagegen protestierten, ließ er sie einfach fallen.

Seine nächste Band scheint keinen Namen gehabt zu haben,

REX FEATURES

ELVIS WAR IRGENDWO ZWISCHEN DEANS EXISTENTIELLER DISTANZIERTHEIT UND DER TOTALEN HINGABE LITTLE RICHARDS ANGESIEDELT, DEN DYLAN IN SEINEN ERSTEN HIGH-SCHOOL-BANDS AM KLAVIER IMITIERTE.

HIBBING HIGH SCHOOL, HIBBING, MINNESOTA

ROW 1: John Milinovich, Mike Minelli, Bob Zimmerman, Frank Sherman. ROW 2: Pat Lamprecht, Carole Del Grande, Marsha Banen, Verlene Carpenter, Bonnie Schoenig, Sally Jolowsky, Carol Tappero, Mary Jane Svigel. ROW 3: Pierina Maracchini, Helen Taylor, Colleen Schulz, Barbara Rostvold, Barbara Satovich, Darlene Solinger, Jean Wright, Donna Urbia, Pat Baumgardner.

An der Hibbing High School fiel der Schüler Dylan durch originelle Gedanken wie durch mangelnde Konzentration auf. Beim jährlichen Talentwettbewerb der Schule schockierte er 1956 mit seiner Vier-Mann-Band Lehrer und Eltern mit einem klassischen Szenario früher Rock 'n' Roll-Auftritte.

aber immerhin gelang es ihm, sie besser auf seine neuen Idole einzuschwören. Beim jährlichen Talentfestival an der High School von Hibbing spielte sich eine Szene ab, die aus dem Film *Saat der Gewalt* hätte stammen können: Ihr elektrisch verstärkter Rock 'n' Roll provozierte unter Lehrern und Eltern einen Skandal – und genau das hatten sie beabsichtigt. Die Erwachsenen hielten sich die Ohren zu und verließen fluchtartig das Auditorium, der Rektor eilte hinter die Bühne und befahl dem Hausmeister, den Strom abzudrehen, die Mädchen kicherten, und die Jungen gaben sich große Mühe, nicht allzu neidisch zu wirken, weil die Musiker sich plötzlich aus der Menge der einfachen Klassenkameraden herausgehoben hatten.

Eines Tages, Ende 1957, lernte der siebzehnjährige Bob Zimmerman die sechzehnjährige Echo Helstrom in einem Café an der Howard Street kennen. Er hatte mit seiner Band oben in der Moose Lodge gespielt, bevor er sie ansprach und ihr ein paar Songs auf seiner Gitarre vorspielte. Sie hatte lange blonde Haare, trug Blue Jeans und eine Motorradjacke und erzählte ihm, daß sie sich die gleiche schwarze Musik auf den gleichen Sendern anhörte wie er, dann stellten sie fest, daß sie auch noch die gleichen Träume hatten. Einen Monat später gingen sie miteinander. Sie fuhren mit seiner Harley in der Gegend herum, trugen Lederjacken, sprachen über Musik und hörten sich die Hillbilly-Platten an, die Echos Mutter im Haus der Helstroms außerhalb der Stadt sammelte.

Die Beziehung war von Anfang an gespannt: Abe Zimmerman war ein angesehenes Mitglied der Gesellschaft und besaß ein solides Haus (allerdings durfte er als Jude nicht dem Golfclub beitreten!), während Matt Helstrom nur ein Gelegenheitsarbeiter war und mit seiner Familie in einer Bruchbude hauste.

Zunächst band die unterschiedliche Herkunft das Pärchen nur noch fester aneinander. Bob, der nie ein ernsthafter Kandidat für den Rotary-Club oder die Junior Chamber of Commerce war, fühlte sich bereits damals zu Außenseitern und Ausgestoßenen hingezogen – und davon gab es selbst in Hibbing genug. Es war ein Schock für ihn gewesen, als sein Vater ihn damit beauftragt hatte, auf Kredit gekaufte Ware bei Nachbarn wieder abzuholen, die ihre Jobs während einer Rezession verloren hatten. Und die im Radio gesendeten Bluesplatten machten ihn mit der Existenz der Schwarzen und ihrer Kultur bekannt. Dabei gab es in den fünfziger Jahren praktisch keine Schwarzen in den Bergarbeiterstädten Minnesotas, denn die niederen Arbeiten wurden von den ärmeren europäischen Einwanderern übernommen. Aber Bob las inzwischen John Steinbeck, und ihm wurde angesichts der Hoffnungslosigkeit, die zum armseligen, unerfüllten, ohnmächtigen Leben der Menschen im abgelegenen Norden gehörte, klar, wie sehr sich der große amerikanische Traum an den Rändern der Gesellschaft verflüchtigt hatte. Und deshalb hatte er auch überhaupt keine Probleme, mit einem Mädchen zu gehen, das wohl nicht den Vorstellungen seiner Eltern von einer guten Partie entsprach – ja, im Grunde brauchte er einen Menschen, der seine Visionen von einem Leben jenseits von Hibbing, jenseits von Minnesota nähren konnte – einem Leben, das ihm eigentlich nur seine Gitarre geben konnte.

Echo begleitete ihn während der ersten Monate des Jahres 1958, als er die Auftritte mit seinen nun immer öfter wechselnden Bands (The Shadow Blasters, The Satin Tones, Elston Gunn, The Rock Boppers und wie sie alle hießen) mit den Anforderungen der ihn immer weniger interessierenden Hibbing High School zu verbinden suchte. Aber das genügte ihm bald nicht mehr, er begann seinen Horizont zu erweitern, indem er Wochenendtrips nach Duluth und Minneapolis/St Paul unternahm, und da Echos Sehnsucht nach einer festen Partnerschaft unvereinbar war mit seinen Visionen von etwas, was jenseits dieses engen Horizonts lag, begann ihre Beziehung zu leiden.

Damals fing er auch damit an, sich in verschiedenen Identitäten zu präsentieren. Wem Bilder von Dean und Presley und Little Richard durch den Kopf spukten, dem mußte natürlich eine Kindheit im bequemen Nest eines Ladenbesitzers und Rotariers viel zu blaß erscheinen – so etwas konnte er der Welt einfach nicht bieten. Daher sah er seine Konzerte, Motorradausflüge und Unterhaltungen mit Fremden immer mehr als Experimentierbühne für neue Lebensformen. Jedesmal, wenn

Dylans Junior-High-School-Jahrbuch von 1958.

HIBBING HIGH SCHOOL, HIBBING, MINNESOTA

er von Hibbing aufbrach und die 200 Meilen auf dem Highway 61 nach Minneapolis brauste, erweiterte er seinen selbstgeschaffenen Mythos um zusätzliche Elemente. Und diese bildeten zugleich Schutzschild und persönliche Ausstaffierung, damit wollte er einerseits auf die Leute anziehend wirken, sie aber gleichzeitig auf Distanz halten, damit sie nicht hinter die banale Wirklichkeit kämen. An diesem Punkt beginnt möglicherweise die Qual des Ruhms: bei der ersten Übertreibung, der ersten Verdrehung, der ersten schieren Erfindung, beim ersten Versuch, das private und das öffentliche Ich zu trennen. So wesentlich diese Elemente auch zur Bildung eines markanten Images und – wichtiger noch – zur künstlerischen Entwicklung beitragen mögen – am Ende wird gerade das immer mehr zur Last, und je schillernder die Facetten, desto fürchterlicher und unausweichlicher die Qualen. Wir können zwar durchaus mit einiger Genauigkeit berechnen, was diese

Selbstdarstellung Robert Allen Zimmerman eingebracht hat, aber allenfalls ahnen, welchen Preis er dafür bezahlt hat.

Es fing damit an, daß Bob Geschichten über sich selbst herumerzählte. Er sagte, er habe den Namen Dillon – so buchstabierte er ihn zunächst – vom Bruder seiner Mutter, einem Spieler, übernommen,

aber der existierte gar nicht. Dabei gab es durchaus Dillons in Hibbing, ja, ein Dillon trat sogar im Fernsehen auf: Matt Dillon, der heroische Mann des Gesetzes in *Gunsmoke.* Bobby Dillon, Bob Dillon – das war ein starker, einfacher Name, ein amerikanischer Name, den man vielleicht sogar bald neben Buddy Holly, Eddie Cochran,

DIE HOWARD STREET, HIBBINGS HAUPTSTRASSE, IN DEN SPÄTEN VIERZIGER JAHREN: HIER HING DER JUNGE DYLAN IN MUSIKLÄDEN HERUM UND LERNTE IM L&B CAFÉ ECHO HELSTROM KENNEN.

DYLANS SENIOR-HIGH-SCHOOL-JAHRBUCH VON 1959.

Ricky Nelson und Don und Phil Everly nennen würde.

Bob und Echo gingen im Sommer 1958 auseinander, als ihm die Musik immer wichtiger wurde und er immer öfter Hibbing den Rücken kehrte. Jetzt hatte er eine kleine Band in Duluth, wo er an den Wochenenden spielte; mit einer anderen Band hatte er einen Fernsehauftritt in Superior, jenseits der Grenze zu Wisconsin. Und am 1. Januar 1959 war er dabei, als Buddy Holly im Armory von Duluth auftrat, wo er im Rahmen seiner dreiwöchigen Tournee durch den Mittleren Westen, der sogenannten Winter Dance Party, gastierte. Buddy Holly stand mit seinen zweiundzwanzig Jahren schon seit achtzehn Monaten im Rampenlicht. Mit *That'll Bee The Day* und *Peggy Sue* erlebte Bob Zimmerman jene Mischung von Country Music, Rhythm and Blues, um die er sich so sehr bemühte, und zum Teil auch etwas von der Faszination für Teenager, an der ihm so gelegen war.

Für Holly und seine Band war diese Winter Dance Party stinkfade, und Holly lag seiner jungen Frau in New York am Telefon damit in den Ohren, daß ihr Tourneebus kalt und dreckig sei und sie in miesen Schuppen auftreten müßten. Aber für einen siebzehnjährigen High-School-Absolventen mit Rock 'n' Roll im Herzen war dieser Abend eine Offenbarung. Und ein paar Tage nach der Show in Duluth stürzte die einmotorige Beechcraft nur wenige Minuten außerhalb von Mason City in Iowa, 150 Meilen südlich von Minneapolis, mit Buddy Holly, Ritchie Valens und dem »Big Bopper« J.P. Richardson an Bord ab. Der Pilot und seine Fluggäste waren auf der Stelle tot. Sie hatten zu einer Show nach Fargo in North Dakota fliegen wollen, der dortige Veranstalter ließ an ihrer Stelle dann eine örtliche Band auftreten. Zu dieser Band, den Shadows, gehörten auch die drei Velline-Brüder, und einer von Ihnen, der Sänger, nannte sich Bobby Vee.

Bob Zimmerman bekam sein Abschlußzeugnis der High School von Hibbing am 5. Juni 1959; unter seinem Bild im Jahrbuch der Schule ist sein sehnlichster Wunsch festgehalten: »Der Band von Little Richard beizutreten.« Auch wenn der Termin der Einschreibung fürs College nicht mehr fern war, verbrachte er doch den Sommer damit, seinem Traumziel näherzukommen. Er ging nach Fargo, wo er als Aushilfskellner im Red Apple Café arbeitete und dabei die Velline-Brüder kennenlernte, die daran dachten, einen Klavierspieler für die Shadows anzuheuern. Bobby Vee erzählte später, Bob habe sie belogen, was seine berufliche Erfahrung betraf, und sie gebeten, ihn Elston Gunn zu nennen, und er habe bei zwei lokalen Tanzveranstaltungen mit der Band gespielt, bevor die Brüder entschieden, daß sie sich keinen weiteren Musiker mehr leisten könnten. Nur ein paar Wochen später kamen Vee und die Shadows mit ihrem Song *Suzy Baby* in die nationalen Charts, so daß ihr ehemaliger Pianist seinen persönlichen Mythos um eine entsprechend frisierte Version seines kurzen Engagements bei den Shadows erweitern konnte. Im darauffolgenden Jahr schaffte der smarte Vee mit *Rubber Ball* den Sprung in die Top Ten und wurde ein international bekannter Pop-Star.

Als der Sommer vorbei war, verhielt sich Robert Allen Zimmerman wie ein mustergültiger Sohn: Er schrieb sich an der Universität von Minneapolis ein, lebte im Haus einer jüdischen Verbindung und belegte das Fach Englisch, dem er sich, zumindest am Anfang, auch halbherzig widmete. Das Beste an Minneapolis aber war für ihn, daß er sofort in das Gesellschaftsleben der Cafés aufgenommen wurde, das sich zumeist in einem Viertel namens Dinkytown abspielte. Hier kamen die Lokal-Bohemiens der späten fünfziger Jahre zusammen: die letzten Mitläufer der Beatgeneration, Leute, die noch immer auf Jack Kerouac und Lenny Bruce, Zen und Existentialismus abfuhren, Jazzkonzerte mit Lyriklesungen und Happenings veranstalteten, viel zu weite Pullover und Bärte trugen und das Greenwich Village der frühen fünfziger Jahre imitierten (das seinerseits nur eine Imitation der Rive Gauche von Paris war). Viele Jahre später sagte Bob Dylan einmal, es wäre »genauso wie in den Geschichten gewesen, die man sich darüber erzählte – freie Liebe, Wein, Lyrik, keiner hatte Geld...« Im März 1960 schrieb der New Yorker Autor Elias Wilentz in der Einleitung zu seiner literarischen Anthologie *The Beat Scene:* »In der Mitte des zwanzigsten Jahrhunderts, in einer Zeit also, da unser Land den größten wirtschaft-

lichen Wohlstand erlebt, hat die Boheme wieder einmal ihre Verachtung gegenüber allem Reichtum entdeckt. Der Bohemien lebt von seinen Ideen und Gefühlen... Seine politische Einstellung äußert sich in einer totalen Ablehnung beider bewaffneter Lager, der Kommunisten wie der Kapitalisten, sowie vor allem in einem tiefen Mißtrauen gegenüber allen Unternehmungen, die vom Staat getragen werden und an denen dieser beteiligt ist...« Das war das Gedankengut, für das Bob Zimmerman ein offenes Ohr hatte.

Auf diesem fruchtbaren Boden konnte auch die Folkmusik wieder gedeihen, denn nun gab es ein neues Publikum für die Musik von Woody Guthrie, Pete Seeger und den Weavers, deren Songs sich mit den Verbrechen an den Minderheiten und der Arbeiterklasse, mit Unrecht und Unterdrückung befaßten. Das war ein Gebiet, das der aufstrebende Bob Dillon beackern konnte, während er neuen Bekannten und durchreisenden Fremden zuhörte, Wissensbrocken aufpickte – er las *The Waste Land* und lernte, wie man eine primitive Mundharmonikahalterung baute – und seine florierende Selbstdarstellung um weitere Züge bereicherte.

Hier konnte er sein mühsam zusammengekratztes Halbwissen über Folk- und Bluesmusik in echtes Wissen umwandeln. Zuerst spielte er im Purple Onion, einem Kaffeehaus in St Paul, aber der Haupttreff für die lokalen Beatniks war ein Kaffeehaus in Dinkytown, das Ten O'Clock Scholar. Hierher kam er ab Februar 1960 jedes Wochenende und

BOBBY VEE, WIE DYLAN EIN MINNESOTA-BOY, SANG IN DER BAND, DIE FÜR BUDDY HOLLY IN FARGO, NORTH DAKOTA, EINGESPRUNGEN WAR – AM ABEND NACH HOLLYS FLUGZEUGABSTURZ IM FEBRUAR 1959. EIN PAAR MONATE SPÄTER SPIELTE DYLAN BEI ZWEI TANZVERANSTALTUNGEN IN FARGO ALS PIANIST IN VEES BAND.

trat zusammen mit einem anderen Gitarristen und Sänger auf: »Spider« John Koerner, einem Ex-Marine-Angehörigen, der wieder zur High School in Minneapolis ging. Anfangs sangen die beiden abwechselnd Songs und spielten zuweilen auch im Duett. Aber nach drei Monaten wollte Bob statt drei Dollar fünf pro Abend haben (Koerner bekam vier Dollar), und als ihm der Inhaber das nicht geben wollte, kehrte Dillon wieder ins Purple Onion zurück.

Im Frühjahr hatte er sein Studium praktisch an den Nagel gehängt, und im Herbst war seine formale Ausbildung beendet. Längst war er aus dem Verbindungshaus ausgezogen – dort hatte man von

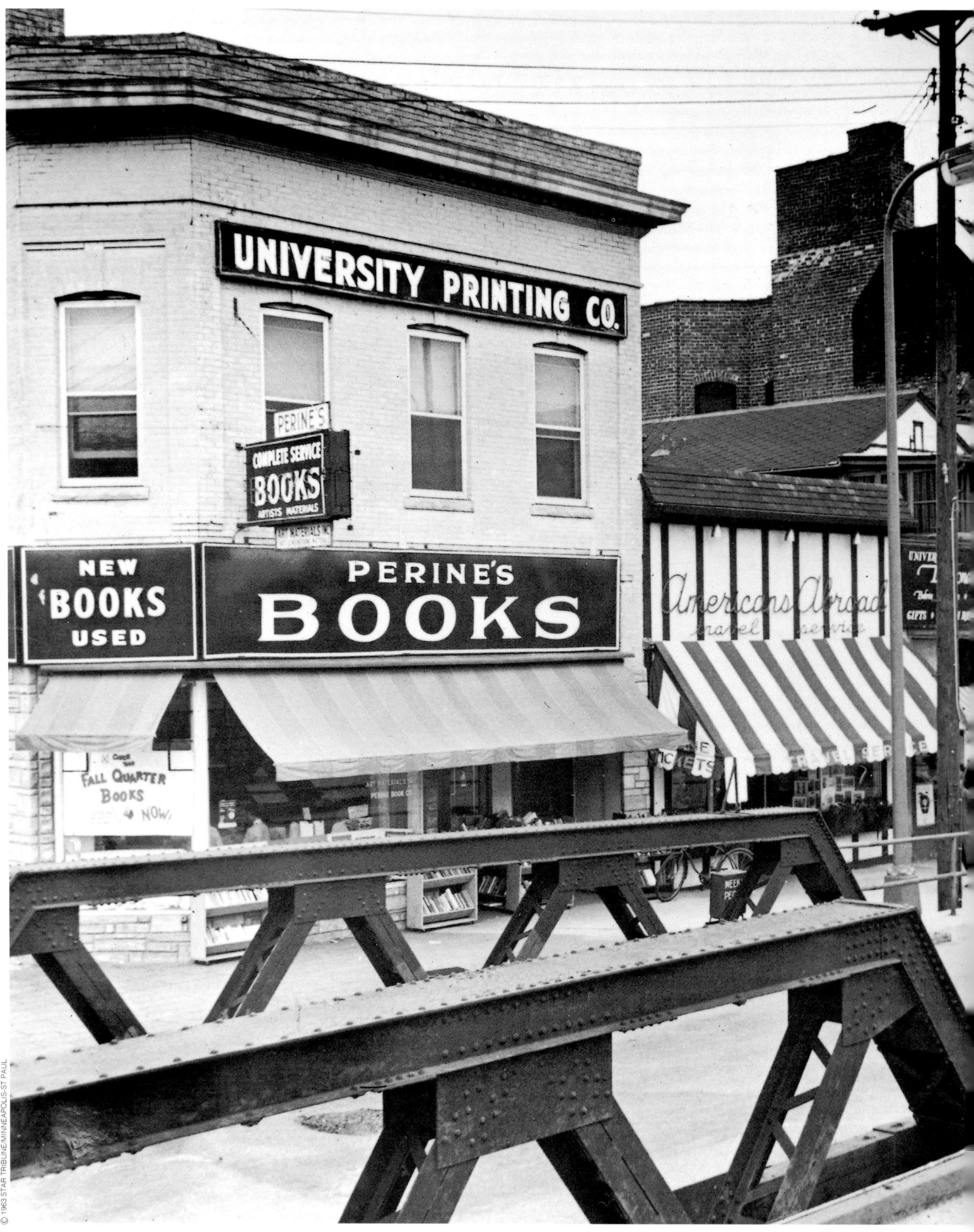

Anfang an Probleme mit dem mürrischen, eigensinnigen Achtzehnjährigen gehabt – und hatte in einer Reihe billiger Unterkünfte gelebt. Die Universität war nicht die Welt gewesen, nach der er suchte – er fand sie bei jenem bunten Reigen von »Dichtern und Malern, Gammlern, Intellektuellen, Leuten, die über alles mögliche Bescheid wußten und das geordnete Leben von Biedermännern satt hatten… wobei man bei den meisten das Gefühl hatte, sie seien gerade irgendwo rausgeflogen«. Das waren die Leute, mit denen er *On the Road, Howl* und *Nova Express* entdecken konnte: »Ich sah, wie die meisten Geister meiner Generation vom Wahnsinn zerstört wurden‹ – das war aufschlußreicher für mich als das ganze Zeug, das man mir eintrichtern wollte.«

Er trank Wein und rauchte Hasch, lauschte den Songs von Leadbelly, Odetta und Jimmy Reed und schrieb seinen ersten eigenen Song, den Blues *One-Eyed Jacks,* dessen Titel von einem Marlon-Brando-Film stammt, der um die Jahrhundertwende in Mexiko spielt. Mit Koerner und zwei weiteren Sängern, Tony Glover und Dave Ray, studierte, lernte und übte er, was ihm einfiel.

Bob trat bereits ziemlich professionell auf und war beliebt auf Partys und in Kaffeehäusern (wenn er sich nicht gerade mit einem zu schlagfertigen Publikum anlegte), als er sein bislang

DINKYTOWN, DAS GREENWICH VILLAGE VON MINNEAPOLIS: HIER HÖRTE DYLAN, DER SICH IM HERBST 1959 AN DER UNIVERSITÄT EINGESCHRIEBEN HATTE, ZUM ERSTENMAL VON JACK KEROUAC UND WOODY GUTHRIE.

ehrgeizigstes Unternehmen startete: einen Sommertrip nach Denver, das fast tausend Meilen von Minneapolis entfernt war. Hier fiel er beim Vorspielen in einem Club namens Satire durch, spielte kurz im Gilded Garter, im benachbarten Central City, und hing im Exodus, einem beliebten Beatnik-Lokal in Denver, herum, wo er zwei Sänger hörte, die eine Rolle in seiner Entwicklung spielen sollten. Da war zunächst Jesse »Lone Cat« Fuller, der in Georgia geboren war und quer durch die USA gezogen war, bevor er sich in den zwanziger

Jahren im Westen niedergelassen hatte. Als Bob ihm in Denver begegnete, war Fuller gerade vierundsechzig. Als Einmannband spielte Fuller Gitarre, Waschbrett, eine selbstgebastelte, mit dem Fuß zu bedienende »Footdella« (halb Perkussionsinstrument, halb Baß) sowie Mundharmonika und Kazoo, die er an einer Halterung um den Hals trug. Er wirkte auf Bob wohl wie eine Gestalt aus den fernen Anfängen afroamerikanischer Musik. Er war weniger Blues-sänger, als eher das, was man zuweilen »Songster« nannte, und verfügte über ein abwechs-

lungsreiches Repertoire, dessen Höhepunkt der hektische, lustige, atemlose *San Francisco Bay Blues* war.

Die Stimmung dieses Songs, ja, Fullers flexibler Umgang mit Musik überhaupt, sollte in Bob Dylans Werk weiterleben. Doch während Jesse Fuller das Beste aus der Vergangenheit darstellte, waren die Möglichkeiten der Zukunft in Judy Collins verkörpert, einer zwanzigjährigen Sängerin und Tochter eines blinden Radioansagers in Denver. Sie war schon als Zwölfjährige mit dem Denver Symphony Orchestra als Konzertpianistin aufgetreten und hatte später ihre Liebe zur traditionellen Folkmusik entdeckt – ein Jahr später sollte sie bereits ihre erste LP produzieren. Bob hörte sich ihre Interpretationen von Songs wie *Maid of Constant Sorrow* an und war beeindruckt, wie sie mit der traditionsreichen Musik umging. Das hatte nichts mit trocken-akademischem Musizieren zu tun, und Judy versuchte auch nicht, sich in eine alte Farmersfrau zu verwandeln. Hier machte eine Zwanzigjährige etwas Neues und Bewegendes aus einem gemeinsamen musikalischen Erbe.

Als Bob Dillon am Ende dieses Sommers nach Minneapolis zurückkehrte, wurde aus ihm Bob Dylan. Später ist er immer wieder gefragt worden, ob er sich so nach Dylan Thomas genannt hätte, doch er verneinte das. Es ist zwar verständlich, daß er eine derart enge Identifizierung verheimlichen möchte, aber es fällt einem trotzdem schwer zu glauben, daß ihn der Vorname

ES WAR NICHT UNGEWÖHNLICH, DASS EIN JUNGE IN DEN SPÄTEN FÜNFZIGER JAHREN FÜR ELVIS PRESLEY UND LITTLE RICHARD SCHWÄRMTE. DOCH ALS DYLAN AUCH NOCH VON WOODY GUTHRIE BEEINFLUSST WURDE, ENTSTAND DARAUS EINE INTERESSANTE MUSIKALISCHE MISCHUNG. MIT *SONG TO WOODY* AUF SEINEM ERSTEN ALBUM ZEIGTE ER, WAS IN IHM STECKTE.

des Waliser Dichters nicht inspiriert haben soll.

Viel wichtiger aber war, daß er damals die vermutlich einzige wahrhaft bedeutende Entdeckung seines Lebens machte: Er fand zu Woody Guthrie, dem Poeten der Dust Bowl. Ein Freund namens Dave Whitaker, ein Bohemien aus Dinkytown, hatte ihm offenbar ein Exemplar von Guthries Autobiographie *Bound for Glory (Dies ist mein Land)* geliehen (das Whitaker selbst wiederum von einem Universitäts- dozenten geliehen hatte). Und sofort erkannte Dylan darin jemanden, von dem er genug lernen konnte, um der Persön- lichkeit, die er zu erschaffen im Begriff war, Substanz zu verleihen. Er blieb so lange im Ten O'Clock Scholar sitzen, bis er das Buch ausgelesen hatte. »Ich habe geglaubt, *Bound for Glory* hätte *On the Road* vorweggenommen«, bekannte er später einmal, »und natürlich hat es mein Leben genauso verändert wie das aller anderen.«

Hier fand er sein Idol, das ihm klarmachte, daß der Staat einen fertigmacht, wo er nur kann, daß nur die Armen anständig sind und alle Idole – einschließlich Woody Guthrie und schließlich auch Bob Dylan selbst – nur Kolosse auf tönernen Füßen sind. Guthries Songs – *Grand Coulee Dam, Vigilante Man, This Land Is Your Land* – bewiesen ihm, daß ein Weißer den Blues, jeder- manns Blues mit einer so eindrucksvollen Überzeugungs- kraft schreiben und vortragen konnte, daß er damit das Verhalten anderer Menschen beeinflussen konnte. »Ich war von ihm völlig überzeugt«,

sagte Dylan später einmal. »Er war wie eine Leitfigur für mich.« Nicht zuletzt bestärkte Guthries Beispiel das Bild vom herumziehenden Troubadour in Dylan, das für ihn so anziehend gewesen war: Ja, es bedeutete, du bist nur deinen Songs gegenüber verantwortlich. Seine Bekehrung war so absolut, daß Paul Nelson, ein junger Journalist in Minne- apolis, der später ein angese- hener Rockkritiker wurde, damals schreiben konnte: »Er brauchte vielleicht eine Woche, um der beste Interpret von Woody Guthries Songs zu werden, den ich je gehört habe.« Der junge Mann schmückte zwar seine Person auch mit oberflächlichen Accessoires seines Idols – den Arbeiterhemden, der Herkunft aus Oklahoma –, aber vor allem machte er sich Guthries wahre Qualitäten für immer zu eigen. Die erste bekannte Aufnahme von Dylan, ein inoffizielles Tonband, das in den sechziger Jahren aufgenommen wurde, enthielt neben Folk- und Blues- musik verschiedene Guthrie- Melodien.

Damals lag der achtund- vierzigjährige Sänger und politi- sche Aktivist in einem Kranken- haus in New Jersey, wo er einen nun schon sechs Jahre währenden aussichtslosen Kampf gegen ein unheilbares Nervenleiden (Chorea Hunting- ton) führte. Bob nahm dessen Schicksal so mit, und er war von dem traurigen Zustand seines neuen Helden so berührt, daß er sich die Tele- fonnummer des Krankenhauses besorgte und den Sänger von Dave Whitakers Wohnung anzu- rufen versuchte. Er malte sich aus, wie er ihn besuchte – und

das nahm solche Formen an, daß er sogar herumerzählte, er, Bob Dylan, habe den legen- dären Sänger bereits getroffen.

Im Geiste hatte Bob die Stadt längst verlassen. »Als ich in Minneapolis ankam, schien es mir eine große Stadt zu sein«, sagte er später. »Als ich es verließ, kam es mir vor wie ein abgelegenes Nest, das man aus einem vorüberfahrenden Zug einmal und nie wieder sieht.« Er hatte nur einen Koffer und eine Gitarre dabei, als er per Anhalter seiner Bestimmung entgegenfuhr – allerdings machte er einen Zwischenstopp in Hibbing, um seinen Leuten zu erzählen, was er vorhatte, und sich ein bißchen finanzielle Unter- stützung zu sichern.

Zuerst fuhr er nach Chicago, wo er sich bei einem Folk- sänger aufhielt, den er in Denver kennengelernt hatte, und dann weiter nach Madison in Wisconsin. Aber Greenwich Village schien verdammt weit weg zu sein, und das nahm ihm den Mut – plötzlich hatte die Vertrautheit von Minneapolis doch ihren Reiz. Schon hielt er nach einer Rückfahrgelegen- heit Ausschau, als er statt dessen das Angebot bekam, mit einem anderen Sänger, Fred Underhill, nach New York zu fahren; sie sollten zwei Collegestudenten am Steuer ablösen.

An einem Tag Ende Januar 1961, dem schneereichsten Winter seit sechzig Jahren, fuhr ein Auto über die George Washington Bridge nach Manhattan hinein und hielt am Randstein. Die Beifahrertür ging auf, und Bob Dylan, noch keine zwanzig Jahre alt, war in New York angekommen.

2. Glocken der Freiheit

© 1992 JIM MARSHALL

»Ich habe diese

ganzen Folksongs

 Als erstes fuhr Dylan natürlich nach Greenwich Village. Endlich war er angekommen: Hier war der Ort, waren die Menschen, wovon Dinkytown und seine Bewohner nur ein schwacher Abklatsch waren. Hier war die echte Szene.

Er landete im Café Wha? an der Bleecker Street, fragte sich bis zum Manager Manny Roth durch und bat darum, spielen zu dürfen. An diesem Abend, noch in seiner Reisekleidung, die schwarze Cordsamtmütze auf dem Lockenkopf und den Mundharmonikahalter um den Nacken, gab er sein New Yorker Debüt. Dem halbvollen Haus schien es gefallen zu haben, denn als Manny Roth das Publikum fragte, ob jemand den Neuankömmling für diese Nacht aufnehmen könnte, bekam er sofort mehrere Angebote.

Gleich am nächsten Tag begab sich Dylan schnurstracks zum Greystone Park Hospital in New Jersey, wo der gelähmte Guthrie lag und sich kaum noch bewegen oder sprechen konnte. Dylan machte ihm nervös seine Aufwartung, sang ein paar Nummern aus seinem ansehnlichen Repertoire an Guthrie-Songs neben dem Krankenbett und erfuhr schließlich, daß sein Held an den Wochenenden Ausgang hatte, um zwei seiner langjährigen Fans in East Orange zu besuchen, Bob Gleason und seine Frau Sid. Dylan fuhr zum Haus der

Gleasons, wo man ihm gern erlaubte, am nächsten Wochenende wiederzukommen, wenn Guthrie da wäre.

Er war erst ein paar Stunden an der Ostküste – und schon hatte er das Entrée gefunden, das er brauchte. Das Haus der Gleasons war zu einem Treffpunkt der am meisten bewunderten Folksänger in der Tradition Guthries geworden: Berühmtheiten wie Pete Seeger, Cisco Houston und Ramblin' Jack Elliott kamen regelmäßig hierher und nahmen an privaten Sessions teil, die die Gleasons mitschnitten – später würden diese Aufnahmen einmal ein höchst beachtliches Archiv abgeben. Mit seinem Charme – einer Mischung aus Unschuld vom Lande und einnehmendem Humor, so daß er offenbar wie eine Kreuzung aus Huckleberry Finn und Charlie Chaplin wirkte – machte sich Dylan in diesem neuen Freundeskreis bald beliebt; jedenfalls scheint dieser Dylan zumindest anfäng-

lich soweit beeindruckt zu haben, daß er sich seinen beißenden Sarkasmus verkniff, der ja auch so typisch für ihn war. Schon nach zwei Wochen schickte Dylan an Dave Whitaker in Dinkytown eine schwärmerische Postkarte: »Ich kenne Woody... Ich kenne Woody und habe ihn getroffen und gesehen und ihm vorgesungen. Ich kenne Woody – goddamn. Dylan.«

Aber er fand auch einen angemesseneren Ausdruck für seine Begeisterung: Er setzte sich hin und schrieb seine erste bedeutende Komposition. In *Song to Woody* klangen mehrere wichtige Assoziationen an: an den Mann, dem er den Song widmete, und an das Anti-Establishment, das dieser repräsentierte, an die Welt der Folkmusik (und zwar mit einer doppelten Geste: Dylan vertonte seinen Originaltext für *Song to Woody* nach einer traditionellen Melodie, die Guthrie bereits bei *1913 Massacre* wiederverwendet

DAS CAFÉ WHA? IN DER MACDOUGAL STREET IN GREENWICH VILLAGE: HIER GAB MANNY ROTH DYLAN UND VIELEN ANDEREN JUNGEN FOLKSÄNGERN EINE CHANCE, IHR KÖNNEN UNTER BEWEIS ZU STELLEN.

hatte) und an alle Menschen seines Alters, die den Song hören würden (im letzten Vers). Ich möchte beileibe nicht die Ernsthaftigkeit des Songs in Frage stellen, wenn ich hinzufüge, daß mir die Zeile »I'm a-leavin' tomorrow, but I could leave today« wie die augenzwinkernde Bemerkung eines Troubadours vorkommt, der den Mädchen damit zu verstehen gibt, daß dies ihre einzige Chance sein könnte.

*Hard Times in New York Town* war ein anderer von gut einem Dutzend Songs, die er 1961 schrieb, und zweifellos hatte es in jenem Jahr ein paar trostlose Tage gegeben. Aber so schlimm kann es eigentlich nicht gewesen sein. Verschiedene Pärchen, die er bei Kaffeehaus-»Hootenannys« kennenlernte, nahmen ihn in ihrer Wohnung auf – offenbar ältere Leute, die sich von seiner Jugend und offensichtlichen Hilflosigkeit verführen ließen und sich für Ersatzeltern hielten. Es gab auch genügend jüngere Frauen, die sich seine Geschichten anhörten und den jungen Mann unbedingt näher kennenlernen wollten, der ein Waisenjunge aus Oklahoma war (oder auch nicht), bei Bobby

Nach Guthrie war Pete Seeger Wortführer der Folk-Protestbewegung. Er wurde der erste wichtige Fürsprecher Dylans und trug oft die Songs des Jüngeren vor.

© 1961 FRED W. MCDARRAH

Vee Klavier gespielt hatte (oder auch nicht), Woody Guthrie schon mit dreizehn gekannt hatte (oder auch nicht), jahrelang bei Unterhaltungsshows unten in Texas aufgetreten war (oder auch nicht) und seine Bottleneck-Gitarrentechnik bei einem alten schwarzen Sänger in New Mexico aufgeschnappt hatte (oder auch nicht).

In dieser Zeit der Hochkonjunktur für junge Folkmusiker sollte Bob Dylan freilich sein Talent nicht lange umsonst vergeuden. Anfang April hatte er seinen ersten bezahlten Auftritt in der Stadt, bei der New York University Folk Music Society im Loeb Student Center; zwei Tage zuvor war er der Gewerkschaft beigetreten,

der American Federation of Musicians. Aber seine echte Chance bekam er, als Mike Porco, Inhaber von Gerde's Folk City an der West 4th Street, ihn an einem der beliebten Montags-Amateurabende, den »Hootenannys«, umsonst auftreten ließ – nachdem er nachgewiesen hatte, daß er schon über acht-

zehn war. Porco, offenbar
beeindruckt, engagierte Dylan
daraufhin vom 11. bis zum
24. April, als Co-Musiker für
eine echte Legende: John Lee
Hooker, den großartigen Bluessänger und Gitarristen vom
Mississippi. Natürlich bekam
Hooker, was ihm aufgrund
seiner Bekanntheit zustand,
aber Porco bemerkte, wie sehr
sich der Junge ins Zeug legte,
als er ihm etwas mehr als den
gewerkschaftlich festgelegten
Mindesttarif von 90 Dollar
bezahlte.

Als Dylan bereits seit vier
Monaten in New York Fuß
gefaßt hatte, nahm er im Mai
an seinem ersten Folkfestival
teil: einer kleinen Veranstaltung auf dem Gelände eines
Hotels in Branford, Connecticut. Hier sang er mehrere
Guthrie-Songs, und bei dieser
Gelegenheit machte man ihn
mit einem anderen jungen
Sänger, Bob Neuwirth,
bekannt, der ein guter Freund
werden sollte. Von nun an ging
es aufwärts.

Ein paar Tage später kehrte er
nach Minneapolis zurück und
spielte dort an der Universität.
Seine alten Freunde staunten
nicht schlecht: Das war ein
ganz anderer Mensch, als sie
ihn gekannt hatten, viel selbst-
bewußter als der Junge, der im
Dezember weggegangen war,
mit einem reichhaltigeren
Repertoire und vor allem mit
einem persönlichen Stil. Er
hatte eine Menge gelernt – von
den Bluessängern, von den Hill-
billys, von Guthries Dustbowl-
Balladen. Er hatte erkannt, daß
man das Publikum mit einem
Song packen kann, der eine
Geschichte erzählt, und daß
man nicht gleich wie Caruso

singen muß, um die Story
rüberzubringen, solange man
Charakter und Gefühl in der
Stimme hatte.

Er sah zwar zwei oder drei
Jahre jünger aus, als er wirklich
war, aber seine ganze Vortrags-
weise ließ ihn wie einen alten
Hasen erscheinen: die nach-
denkliche, halb gebrochene
Stimmfärbung, die raffinierte
Kombination von Klimpern und
Zupfen auf der Gitarre, das
klagende Mundharmonikaspiel,
das er von Jimmy Reed und
Sonny Terry übernommen hatte.
Als er *House of the Rising Sun*
in einem erweiterten Arrangement sang, das ihm Dave Van
Ronk, ein erfahrener Village-
Sänger, beigebracht hatte,
hörte sich das so an, als habe
er sich sein Leben lang im
Salon eines Puffs in New
Orleans herumgetrieben und
dort alles gelernt, was man
fürs Leben lernen kann. Die
apokalyptische Metaphorik des
alten Bluesmannes war wie neu
aufgeladen, als sie aus dem
Mund dieses jungen weißen
Mannes kam; *See That My
Grave Is Kept Clean* übernahm
er zwar von Blind Lemon
Jefferson, gab ihm aber jene
alptraumhafte Intensität, wie
sie einstmals Robert Johnson
gebracht hatte, jener schemen-
haft ferne Bluessänger der
Vorkriegszeit, der angeblich für
sein unirdisches Talent seine
Seele dem Teufel verkauft
hatte, ehe er 1938, im Alter
von siebenundzwanzig, vom
eifersüchtigen Ehemann einer
Freundin vergiftet worden war.
Dylan gelang es auch, sich
eindrucksvoll der elegischen
Appalachen-Balladen anzu-
nehmen, einer wahren Galerie
archetypischer Geschichten
und Gestalten, die ihren

Ursprung in der Elisabethanischen Zeit hatten, und sie auf eine Weise wiederzubeleben, daß diese Songs auf einmal mehr waren als schlichte Ausstellungstücke im Museum der Folkmusik. Und obwohl er die seltene Gabe besaß, bereits vorhandene Stile und Ideen aufzusaugen, war er ganz offensichtlich keiner seiner Quellen verpflichtet: Ob es die zwölf Takte eines Blues waren oder ein typisch englisches Menuett – für alles fand er eine angemessene Vortragsweise und in allem drückte sich die seltsame, unausgesprochene Weisheit dieses Jungen aus, der fast noch ein Teenager war.

Als er im Juni wieder in New York war, bekam er seinen ersten Studioauftrag – als Begleitmusiker für Harry Belafonte. Dieser war ein typischer Mainstreamvertreter des Folkbooms: ein schwarzer Sänger, der sich nach Ansicht der Puristen für die kommerziellen Interessen seiner Schallplattenfirma verkauft hatte. In den New Yorker RCA-Studios spielte Dylan Mundharmonika zum *Midnight Special,* der althergebrachten Klage eines Strafgefangenen. Aber offenbar paßte es ihm nicht, wie das Ganze ablief, denn bei den anderen Stücken dieser Aufnahme war er nicht mehr dabei. Doch profitierte er von allem und jedem, und bei einem kurzen Besuch in Boston lernte er einen anderen wichtigen Freund kennen: Eric Von Schmidt, einen in Connecticut geborenen Grafiker, Sänger und Musiker, der ihm zwei Songs beibrachte – *Baby Let Me Follow You Down* und *He Was A Friend of Mine.*

In diesem Sommer knüpfte er noch drei weitere Beziehungen an, die für sein Leben wichtig werden sollten. Da war zunächst Robert Shelton, Musikkritiker bei der *New York Times.* Shelton hatte Dylan im Village gehört und ihn interessant gefunden, aber ihn noch nicht in seinen Kritiken erwähnt. Dylan begann sich wie eine Klette an ihn zu hängen, und im Juli machte Shelton ihn schließlich mit Albert Grossman bekannt, einem fünfunddreißigjährigen Manager, der selbst als Sänger begonnen hatte, Odetta – einen von Dylan bewunderten Sänger – vertrat und die achtzehnjährige Joan Baez beim Newport Folk Festival 1959 groß herausgebracht hatte; im Augenblick war er gerade damit beschäftigt, eine Gruppe namens Peter, Paul and Mary zusammenzustellen und sich an den jüngsten Erfolg des Kingston Trios anzuhängen, und zwar mit einer fürs Massenpublikum zurechtfrisierten Folkmusik. Und schließlich geriet Bob Dylan an einem der Montagabende in Gerde's Folk City ins Blickfeld eines achtzehnjährigen Mädchens namens Susan Rotolo.

Suze Rotolo war in einer politisch aktiven New Yorker Familie aufgewachsen und hatte seit ihrer Kindheit zusammen mit ihrer älteren Schwester Carla die Songs von Leadbelly und Woody Guhtrie gehört. Sie waren bereits in der Protestbewegung engagiert und hatten gegen McCarthy, Atomwaffen und Rassentrennung demonstriert. Schon als Teenager waren sie an Wochenenden zum Washington Square gefahren, um sich die Sänger

Als Pete Seeger 1961 von einem Besuch in England zurückkehrte, beschloss er, eine radikale Folksong-Zeitschrift als Forum für junge Autoren und Musiker zu gründen. Im Februar 1962 wurde Dylans *Talkin' John Birch Paranoid Blues* in der ersten Nummer von *Broadside* veröffentlicht, in diesem Jahr nahm er auch regelmässig an den Zusammenkünften des Redaktionskollektivs teil.

bei den abendlichen Open-Air-Konzerten anzuhören. Als sie Dylan zum erstenmal hörte – er spielte zusammen mit Mark Spoelstra –, war sie längst Stammgast in den Folkclubs des Village. Zuerst hatte es ihr sein Mundharmonikaspiel angetan. Sie sahen sich wieder, sprachen miteinander, trafen sich erneut – bei Partys, bei anderen Hootenannys. Als der Sommer zu Ende ging, waren sie ein Paar.

Im September engagierte Mike Porco Dylan wieder einmal für zwei Wochen im Folk City, diesmal zusammen mit den Greenbriar Boys, einer Bluegrass-Gruppe – und er wurde angekündigt als »der sensationelle Bob Dylan«. Nachdem er einige Wochen gezögert hatte, hielt Bob Shelton nun die Zeit für gekommen, seine Leser mit Bob Dylans Existenz bekanntzumachen. Er erschien zum Eröffnungsabend im Folk City und schrieb eine Besprechung, die in der *New York Times* am 29. September veröffentlicht wurde. »Bob Dylan: Ein außergewöhnlicher Folk-Song-Stilist« lautete die dreispaltige Überschrift im nüchternen Stil der

SUZE ROTOLO WAR 18, ALS SIE BOB DYLAN 1961 KENNENLERNTE. ZWEI JAHRE SPÄTER SAH MAN DIE BEIDEN ARM IN ARM AUF DER WEST 4TH STREET – AUF DEM COVERFOTO DER LP *FREEWHEELIN'*, DIE EINE GANZE GENERATION UND DEREN TRÄUME INSPIRIERTE.

*Times,* dazu ein kleines Foto – und dann ein Lobgesang, der kaum zu überbieten war. »Mr. Dylans Stimme ist alles andere als gefällig«, schrieb Shelton. »Er versucht bewußt, die rauhe Schönheit wiederzugeben, mit der ein Farmarbeiter des Südens auf der Veranda über Melodien nachsinnt. Alle Spreu ist seinem musikalischen Vortrag belassen, und seine Songs sind durchdrungen von einer brennenden Intensität... Manchmal ist das Drama, das er darstellen will, deplaziertes Melodrama, und seine Stilisierung droht zum bloßen manierierten Exzeß zu werden. Doch wenn auch nicht nach jedermanns Geschmack, so hat doch seine Musik alle Kennzeichen von Originalität und Einfallsreichtum, um so bemerkenswerter angesichts Mr. Dylans Jugend. Er schweigt sich zwar über sein Vorleben und seinen Geburtsort aus, aber es ist weniger wichtig zu wissen, wo er war, als wohin er geht, und da scheint es nur eine Richtung zu geben: steil aufwärts.«

Künstler reagieren zwar zu Recht häufig zynisch, wenn Kritiker ihre Karrieren immer wieder mit Mißverständnissen und Interesselosigkeit begleiten, aber nicht selten gibt es auch Augenblicke, bei denen eine gute Besprechung Wunder wirken kann. Und dieser Augenblick schien nun für Bob Dylan gekommen. Er schnitt sich Sheltons Kritik aus, trug sie wochenlang bei sich und zeigte sie jedem voller Stolz. Man konnte ihm das auch nicht verdenken: Da hatte er vor kaum zwei Jahren die High School beendet, die Provinz noch nicht ganz ein

Jahr verlassen, und schon war sein Name eine anerkennende Kritik mit positiver Schlagzeile in der führenden Tageszeitung des Landes wert. Es war freilich auch ganz natürlich, daß die Reaktionen seiner Freunde und Rivalen in Greenwich Village eher gemischt waren. Manche meinten, dieser Artikel sei nur das Ergebnis einer von Shelton mitgetragenen kommerziell motivierten Kampagne, die von dem auch weiterhin an Dylan interessierten Grossman veranlaßt worden sei, während dieser sieben Monate lang das Debüt von Peter, Paul and Mary vorbereitete. Der Gitarrist Eric Weissberg war da schon unverblümter: Er empfahl Shelton, sich doch mal ein Hörgerät zu besorgen. Doch gab es auch andere Leute, denen diese Besprechung durchaus positiv aufgefallen war. Ein paar Tage bevor sie erschien, hatte Dylan an einer Probe für eine Aufnahme mit Carolyn Hester teilgenommen, einer Sängerin, die Columbia Records offenbar verpflichtet hatte, um sich den wachsenden Erfolg einer anderen langhaarigen Folksängerin mit einer reinen Stimme zunutze zu machen: Joan Baez. Dylan hatte Hester und ihren Mann, den Autor Richard Fariña, auf einem Trip nach Cambridge in Massachusetts kennengelernt; er war also wieder als Begleiter auf der Mundharmonika engagiert worden und erschien zur Probe in einer Wohnung an der West 10th Street.

Dort begegnete er einem großen, schlanken, elegant gekleideten fünfzigjährigen Mann mit kurzgeschnittenem grauem Haar. Es war John

Hammond, der legendäre Talentscout, dem Count Basie, Bessie Smith, Billie Holiday, Charlie Christian und Benny Goodman ihre Karrieren verdankten. Erstaunlicherweise hatte Hammond die Chance nicht wahrgenommen, die Baez zu verpflichten, und sie statt dessen zu seinem früheren Arbeitgeber ziehen lassen, dem viel kleineren Label Vanguard. Dieses Versäumnis wollte er wiedergutmachen. Er interessierte sich schon bei der Probe für Dylan und kümmerte sich bei der Aufnahmesitzung, die einen Tag nach Erscheinen der Besprechung in der *Times* stattfand, noch mehr um ihn. Als Dylan seine Mundharmonika über dem glatten Gitarrenspiel von Bruce Langhorne und dem Kontrabaß von Bill Lee intonierte, fand Hammond sein Spiel nicht gerade großartig, war aber dennoch von der ungewöhnlichen Erscheinung des Jungen fasziniert. Er hatte inzwischen Sheltons Kritik gelesen und lud Dylan ein, doch mal bei den Columbia-Studios vorbeizuschauen und ihm vorzuspielen, was er selbst drauf hätte. Hammond: »Es stellte sich heraus, daß er eigene Songs auf Lager hatte. Und einer genügte schon. Er sang *Talking New York,* einen gesellschaftskritischen Kommentar über das Leben in Manhattan, und der hat mich einfach umgehauen.«

Innerhalb eines Monats – nachdem ihn drei spezielle Folklabels: Elektra, Vanguard und Folkways nicht haben wollten – bekam Bob Dylan von Columbia Records einen Fünfjahresvertrag und war fortan Mitglied einer starken Truppe – neben Pete Seeger, Miles

Davis, Ray Conniff und Tony Bennett.

Hammonds spontane, intuitive Zuneigung zu Dylan war nur zu verständlich, liebte er doch den Blues und seine Ableger. Er stammte aus einer reichen und gesellschaftlich aktiven New Yorker Familie (seine Mutter war sogar mit den Vanderbilts verwandt) und war in einem repräsentativen achtstöckigen Haus am Central Park aufgewachsen, hatte aber sein Studium in Yale abgebrochen, um sich seiner Musikleidenschaft zu widmen. In den dreißiger Jahren hatte er viele Studienreisen in den Süden unternommen, um unbekannte Musiker zu entdecken, und 1938 Big Bill Broonzy und Sonny Terry neben Sister Rosetta Tharpe und Count Basie in der Carnegie Hall bei einem historischen Konzert unter dem Motto »From Spirituals to Swing« präsentiert – es war damals das erstemal gewesen, daß Künstler dieses Genres an diesem illustren Veranstaltungsort auftraten. Außerdem war er schon seit langem in der Bürgerrechtsbewegung engagiert, und es war nicht zuletzt auch ihm zu verdanken, daß der Pianist Teddy Wilson im Jahre 1936 als erster schwarzer Musiker öffentlich mit einem weißen Orchester auftreten konnte – nämlich mit dem von Benny Goodman, Hammonds Schwager. Hammond kannte Musiker und ihre finanziellen Probleme, und darum schien es ihm geboten, dem mittellosen Dylan gelegentlich etwas Geld aus der eigenen Tasche zuzustecken – was weder damals noch heute etwas Selbstverständliches für die meisten leitenden Angestellten von Plattenfirmen war und ist. Er vermittelte Dylan schließlich auch noch einen Verlagsvertrag mit Leeds Music, der dem Sänger sogar einen mit den Honoraren zu verrechnenden Vorschuß von 500 Dollar einbrachte.

Dylan hatte weniger als einen Monat Zeit, seine erste LP vorzubereiten. Inzwischen war er auch noch aufgefordert worden, bei einer anderen Aufnahme Mundharmonika zu spielen, und zwar zusammen mit den Bluesveteranen Victoria Spivey und Big Joe Williams für eine LP, die mit dem Titel *Three Kings and A Queen* unter Spiveys eigenem Label erscheinen sollte. Die begeisterungsfähige Spivey hatte Dylan im Gerde's gehört und erfüllte ihm seine Bitte, bei einer ihrer Aufnahmen mitwirken zu dürfen. Bei *Sitting On Top Of the World* sang Dylan sogar die Begleitstimme im Duett mit dem schwer gezeichneten Williams.

Am Samstag, dem 4. November, gab Dylan sein

JOHN HAMMOND SEN. BESASS EIN HERVORRAGENDES GEHÖR SOWIE EIN PRIVATES VERMÖGEN, DAS IHM UNABHÄNGIGKEIT GARANTIERTE. ER HATTE BESSIE SMITH, COUNT BASIE, BILLIE HOLIDAY, CHARLIE CHRISTIAN UND ARETHA FRANKLIN GEFÖRDERT – UND NUN WAR ER GANZ HINGERISSEN VON EINEM UNGEPFLEGTEN JUNGEN FOLKSÄNGER AUS MINNESOTA. HIER SIEHT MAN DIE BEIDEN BEI EINER FRÜHEN AUFNAHMESITZUNG IN DEN COLUMBIA-STUDIOS IN DER 799 SEVENTH AVENUE IN NEW YORK.

erstes Solokonzert in der Carnegie Chapter Hall. Veranstaltet wurde es von seinem Freund Izzy Young, dem das New Yorker Folklore Center gehörte und der eine der Schlüsselfiguren in der Villageszene war; irgendwo im Hintergrund nickte ihm auch Albert Grossman aufmunternd zu. Der Eintritt für den bescheidenen Konzertsaal kostete zwei Dollar, und obwohl nicht mehr als dreiundfünfzig Leute erschienen (die meisten hatten ihn schon öfter in den Village-Clubs gehört), präsentierte sich Dylan mit einem starken Auftritt.

Am 20. und 22. November 1961 gab er sogar eine noch bessere Vorstellung. In zwei jeweils dreistündigen Sitzungen, deren Kosten nicht mehr als 402 Dollar betrugen (für Studiomiete und Bandmaterial), nahm Bob Dylan die dreizehn Songs auf, aus denen seine erste LP bestehen würde. Als er in den Columbia-Studios in der Seventh Avenue ankam, hatte er Suze im Schlepptau; Hammond, der Produzent der Aufnahme, hatte Goddard Leiberson mitgebracht, den Präsidenten von Columbia Records und eine Kapazität auf dem Gebiet klassischer Musik. Es geschieht höchst selten, daß sich der Präsident einer großen Plattenfirma herabläßt, der ersten Aufnahme eines Neulings beizuwohnen, und so war das schon ein bemerkenswertes Indiz.

Dylan hielt sich an Hammonds mikrofontechnische Tips und spulte die sonst in den Clubs zum besten gegebenen Songs unglaublich zügig ab: Jesse Fullers *You're No Good,* das Traditional *Pretty* *Peggy-O,* Van Ronks Arrangement von *House of the Rising Sun,* Von Schmidts *Baby Let Me Follow You Down* und zwei eigene Songs, *Talking New York* und *Song to Woody.* Hammond war beeindruckt von Dylans bedingungslosem Streben, es zu etwas zu bringen, aber auch von der Tatsache, daß für jeden Song nicht mehr als ein paar Takes erforderlich waren: höchstens fünf, für manche sogar nur

DIESES PLAKAT REIZTE NICHT MEHR ALS 53 FOLKMUSIK-FANS, DYLANS ERSTES SOLOKONZERT ZU BESUCHEN. SEIN REPERTOIRE ENTHIELT AUCH SONGS VON BUKKA WHITE, LEADBELLY, GUTHRIE UND BESSIE SMITH.

Mit Suze im Studio A der Columbia, bei den Proben für sein erstes Album Ende November 1961.

zwei. Während dieser Sitzungen machte Dylan einen aufgeweckten und selbstbewußten Eindruck, er war mit seinem Material vertraut und auch in der Lage, seine Gitarrentechnik so zu variieren, um das Beste aus den Songs herauszuholen. Besonders bei *Highway 51* und *Man Of Constant Sorrow* bewies er, wie ungewöhnlich sein Timing war und wie gut er die Spannung aufbauen konnte, indem er ein bestimmtes Akkordmuster zwischen den einzelnen Textversen zupfte oder eine Note so lange hielt, wie er es von den Bluessängern gelernt hatte. Wie der rauhe Klang seiner Stimme waren auch seine Betonungen und Verzerrungen – wobei sich in vielen eine gewisse Verspieltheit widerspiegelte – ein Schock für Ohren, die die klare Intonation konventioneller Interpreten gewöhnt waren. Und dann seine Mundharmonika: Da mischte er die langen, einsam klagenden Töne eines Jimmy Reed mit einem vibrierenden Tonausstoß, der etwas Ureigenes zu sein schien und zuweilen (wie in dem schnellen *Gospel Plow*) im Zusammenspiel mit seiner Gitarre eine Art zweiteiliger Schöpfung ergab. Weil Dylan die Mundharmonika mit der Nackenhalterung spielte, konnte er die Töne nicht so stark brechen wie die Bluessänger Little Walter oder Sonny Terry – und auch dadurch bekam sein Sound etwas Ureigenes.

Doch die eigentliche Grundstimmung der LP verrieten drei alte Bluessongs, die sich mit nur einem einzigen Thema befaßten: Blind Willie Johnsons *In My Time of Dyin'*, Bukka Whites *Fixin' to Die* und Blind Lemon Jeffersons *See That My Grave Is Kept Clean.* Hier war nichts mehr von den Mätzchen des einnehmenden, verspielten, zuweilen herumkaspernden Clubsängers zu spüren. Hier ging ein zwanzigjähriger Junge mit einigen der glühendsten Songs, die jemals in englischer Sprache geschrieben worden waren, seinen Zuhörern unter die Haut. Dylan erwies Johnson, White und Jefferson seine Reverenz, aber er maßte sich nicht an, so wie sie zu sein. Die Schärfe seiner spröden jungen Stimme und das Jaulen seiner offen gestimmten Gitarre gaben dem apokalyptischen Fatalismus der Bluessänger eine neue Wendung: Hier machte sich ein Gefühl jugendlicher Vorahnung Luft, das eine neue Generation unmittelbar ansprach, eine Generation, die in der unüberschaubaren Atmosphäre des Wirtschaftswunders der Nachkriegszeit und unter dem Eindruck des Kalten Kriegs mit seiner ständigen Drohung der »gegenseitigen Vernichtung« aufgewachsen war. Noch war Dylans Botschaft nur indirekt zu vernehmen: Sie lag in der zornigen Trostlosigkeit der Stimme, nicht so sehr in den übernommenen alten Texten. Aber genau das faszinierte Dylans jüngere Zuhörer so an ihm, wenn sie ihn einmal gehört hatten.

Während er darauf wartete, daß Columbia seine LP auf den Markt brachte, kehrte er für kurze Zeit nach Minneapolis zurück – diesmal hatte er einen schon ganz abgegriffenen Presseausschnitt in der Tasche und konnte seinen Freunden von seiner bevorstehenden LP erzählen. Als er wieder in New York war, bezog er mit Suze ein Apartment an der West 4th Street.

Als *Bob Dylan* am 19. März 1962 herauskam, war Bob Dylan selbst nicht in New York. Die Platte, deren Cover das farbige Porträt eines unergründlich zurückhaltend lächelnden Dylan mit seiner unvermeidlichen Cordmütze und dem Lammfellmantel zierte, wurde ohnehin nur von wenigen Leuten gekauft. Es waren zunächst nicht mehr als 5000 verkaufte Exemplare, sicher nicht genug, um aus Dylan einen Goldesel für die Columbia zu machen oder Hammonds Glauben an den Jungen in den Augen der Buchhalter zu rechtfertigen. Für die jüngeren leitenden Mitarbeiter in der Firma war Dylan nichts weiter als »Hammonds Schnapsidee«, typisch für das nachlassende Urteilsvermögen eines Mannes, der früher einmal gute Ohren gehabt haben mochte, aber längst von der Zeit und von der Mode überholt worden war.

Kurz nach Neujahr 1962 schrieb Dylan den ersten einer ganzen Serie von Songs, in denen er gegen jede Art von Unrecht protestierte. *The Death of Emmett Till* ist ein Klagelied über die Lynchjustiz, die sieben Jahre zuvor an einem vierzehnjährigen Schwarzen verübt worden war, der in Mississippi hinter einer weißen Frau hergepfiffen hatte, sowie über die groteske Gerichtsverhandlung, die mit einem skandalösen Freispruch für die beiden Mörder geendet hatte. Vermutlich war Dylan zu diesem Song inspiriert worden, als er

plante, Ende Februar im Rahmen eines Benefizkonzertes für den Congress of Racial Equality aufzutreten, bei dem Suze eine engagierte freiwillige Helferin war. *Emmett Till,* dessen Melodie aus einer Reihe fallender Mollakkorde bestand, die ein wenig an *House of the Rising Sun* erinnerten, kündete von Trauer und Vorahnung und schloß mit den düsteren Zeilen: »If you can't speak out against this kind of thing, a crime that's so unjust, your eyes are filled with dead man's dirt and your mind is filled with dust...« Von diesem Song existiert nur ein für den Rundfunksender WBAI aufgenommenes Band, und er kann als erster Rohentwurf für vieles gelten, was noch folgen sollte.

Es kamen noch andere ähnliche Songs: *The Ballad of Donald White,* der von einem Fernsehinterview mit einem Schwarzen zum Thema Death Row inspiriert war; *Let Me Die in My Footsteps,* bei dem der Atombunker als Symbol für den Wahnsinn des Kalten Kriegs stand. Wenige Wochen nach dem Erscheinen seines Debütalbums vollendete Dylan den Song, der ihn international berühmt machen sollte. *Blowin' in the Wind* wurde teilweise an einem Tisch im Apartment an der 4th Street geschrieben, teilweise in einem Kaffeehaus namens Commons und vermutlich in verschiedenen anderen Clubs und Bars. Seine einfache Melodie und die sanfte Rhetorik, seine erbaulichen Bilder und die (später stark kritisierte) Weigerung, Lösungen für die aufgeworfenen Fragen anzubieten, machten ihn zum perfekten Song seiner Zeit. Im Mai wurde

er in der sechsten Nummer von *Broadside* abgedruckt, einer von Pete Seeger begründeten Zeitschrift, die aktuelle Songs veröffentlichte. Und es dauerte nicht lange, da gehörte *Blowin' in the Wind* auch schon zum Repertoire anderer Village-Sänger.

Albert Grossman interessierte sich mehr als jeder andere dafür, was da vor sich ging. Er wußte, daß Dylan eine Qualität besaß, die ihn eines Tages weit über die Grenzen der Folkmusik-Szene hinauskatapultieren würde. Grossman engagierte sich nicht für Kaffeehaus- und Benefizkonzerte – er wollte die Welt erobern. Im Frühjahr unterschrieb Dylan bei ihm einen Managementvertrag für sieben Jahre, und Grossman fädelte auch den Transfer seiner Verlagsrechte von Leeds Music zu Witmark and Sons ein, einen Musikverlag, dessen Inhaber und Freund Grossmans, Artie Mogull, *Blowin' in the Wind* gehört und sein Potential erkannt hatte. Mogull gab Dylan auch das Geld, mit dem er sich aus dem Vertrag mit Leeds freikaufen konnte, wodurch dieser Firma aufgrund ihres Mangels an Engagement später ein Vermögen durch die Lappen ging.

Während der Dauer seiner langjährigen Verbindung zu Dylan machte sich Grossman bei vielen Leuten sehr unbeliebt, zweifellos aber kamen sein untrüglicher Geschäftssinn und seine Hartnäckigkeit trotz persönlicher Nachteile seinem Protegé sehr zustatten: Grossman sorgte dafür, daß die Leute mit Dylan so umgingen, als sei er etwas ganz Beson-

»LARGE SELECTION OF MASKS«: DYLAN 1962 IN NEW YORK, AN DER ECKE 49TH STREET/SEVENTH AVENUE.

Text visible in the image:

FUN CARDS 35¢

LEAKY PERFUME BOTTLE 35¢

CHINESE RING ILLUSION 35¢

Rubber Pencil

THE MAGIC KEY

LARGE SELECTION OF MASKS AND WIGS

WHAMMY EYES

PLASTIC SWISS CHEESE

SNAKE DRAWER

RUBBER BAT EEEK WHERE'S MY HAT THERE'S A BAT! 35¢

RUBBER MOUSE A RAKE—IT IS NO ONE CAN TELL IT WILL MAKE 'EM SCARED AS 35¢ 49¢

NEW YORK CITY

SMOKE FROM FINGER TIPS 50¢

WATCH WINDER YOU'LL LEAVE THEM BALED AND AMAZED 35¢

SQUIRTING QUARTER WATCH THE QUARTER SQUIRT WATER 35¢ SNOW

SHOOTING FOUNTAIN PEN THEY'LL TRY TO WRITE IT WILL CAUSE A FRIGHT 69¢

RINKING CLASS

BALTIMORE ORIOLE

Blessed Are They Who Run Around in Circles, For They Shall Be Called Big Wheels

If you don't do it every day YOU'RE AB

deres und nicht irgendein Folksänger.

Als Dylan und John Hammond sich an die Vorbereitung der zweiten LP machten, kam letzterer bald dahinter, daß er nicht nur Feinde im eigenen Haus bei Columbia, sondern auch den neuen Manager seines Künstlers gegen sich hatte. Grossman und seine Assistenten begannen bei den Sitzungen aufzukreuzen und wollten ausgerechnet dem Mann etwas über richtige Aufnahmetechniken erzähle, der ihnen unendlich viel an Erfahrung voraus hatte. Hammond verbat sich diese Einmischung, und so konnten die Sitzungen halbwegs passabel abgewickelt werden. Bei einer dieser Sitzungen im Juli wurden Masterbänder von *Down the Highway, Honey Won't You Give Me One More Chance* und – von Dylan raffiniert zurückgenommen vorgetragen – *Blowin' in the Wind* produziert. Aber etwas stimmte nicht mehr. Im Juni hatte Suze auf Drängen ihrer Mutter und ihres Stiefvaters New York verlassen, sie sollte in Italien Kunstgeschichte studieren und die Verbindung zu diesem ungepflegten Burschen aus Minnesota abbrechen, egal, ob der nun einen Schallplattenvertrag hatte oder nicht. Dylan war außer sich. Sechs Monate lang war sie seine Muse gewesen – sie hatte ihn sowohl mit der Welt radikaler politischer Anschauungen bekanntgemacht, als auch mit Rimbaud, Verlaine, Baudelaire und Bertolt Brecht. Sie war für ihn einfach sein Leben gewesen. Während Suze an der Universität von Perugia studierte,

gab Dylan seinem Kummer in einigen der schönsten Liebeslieder Ausdruck, die er je geschrieben hat. Das erste war das elegisch traurige *Tomorrow Is a Long Time.* Dann kam *Don't Think Twice, It's All Right* – ein umständlicheres Bekenntnis, eine Liebe verloren zu haben, hat es wohl kaum je gegeben. »Es ist kein Liebeslied«, hat Dylan später einmal gesagt. »Es ist eine Feststellung, die du machen kannst, um dich danach vielleicht besser zu fühlen.« Möglicherweise war dies das erste Mal, daß Dylan Elemente aus seinem Leben aufgriff und in etwas Halbwahres umsetzte: Einiges aus *Don't Think Twice* hört sich an, als ob er mit Suze spräche, in anderen Passagen scheint sie mit Dylan zu sprechen, wieder anderes könnte aus anderen Beziehungen übernommen oder gar nur Erfindung sein. Vielleicht analysierte sich Dylan in diesem Augenblick selbst und härtete sich ab. Immerhin fand er durch Suzes Abwesenheit genügend Zeit, Songs zu schreiben, und darauf stürzte er sich nun mit einer wahren Besessenheit, bis er gegen Ende des Jahres fünf oder sechs Songs pro Monat schrieb, wobei er seinen Stil durchaus variierte – vom drängenden Drive in *Quit Your Lowdown Ways,* der von Gospels inspiriert schien, bis zu den monotonen Anti-Establishment-Tiraden in *Playboys and Playgirls* und den aktuellen witzigen Anspielungen in *Talkin' John Birch Paranoid Blues.* Öffentliche Auftritte waren in dieser Zeit in seinem Terminkalender eher spärlich vertreten: zwei kurze Gastspiele bei Gerde's im

Februar und im April/Mai, ein Wochenendtrip nach Ann Arbor in Michigan, vier Tage in Montreal, New Yorker Hootenannys in der Carnegie Hall im September und in der Town Hall im Oktober sowie ein Engagement im Gaslight Café im Village im November. Ansonsten widmete er sich ganz dem Komponieren und den Plattenaufnahmen.

Dicke Luft herrschte in den Columbia-Studios an der Seventh Avenue, als John Hammond erfuhr, daß Albert Grossman Dylans Vertrag mit Columbia lösen wollte – mit der Begründung, Dylan sei noch nicht volljährig gewesen, als er diesen Vertrag unterzeichnet habe. Das stimmte zwar, aber Dylan hatte Hammond immerhin auch versichert, er hätte keine Eltern. Hammond kam nun auf die Lösung, daß Dylan ja mehrere Male nach seinem einundzwanzigsten Geburtstag in den Studios gewesen war und damit automatisch einem Vertrag Rechtskraft verlieh, den er mit zwanzig unterschrieben hatte. Diese Runde also verlor Grossman – und vielleicht bestärkte diese Niederlage ihn in seinem Entschluß, die berufliche Beziehung zwischen Hammond und dessen Protegé zu beenden.

Hammond war ein Purist. Das war Dylan auch, wenn es um andere Leute ging. Dylan liebte den reinen Blues von Big Joe Williams, die reinen Hillbilly-Songs von Hank Williams, die reinen Bluegrass-Songs von Bill Monroe. Aber wenn es ihn selbst betraf, dann war er für das Gemischte: Er wollte etwas kreieren, in dem all diese Dinge vereint waren. Er war dagegen, daß sein Blues wie der Blues von Muddy Waters, Blind Gary Davis oder Jimmy Reed klang. Er wollte, daß sein Blues wie der eines einundzwanzigjährigen weißen Jungen klang, der nicht nur mit diesen Leuten groß geworden war, sondern auch mit Elvis Presley, Carl Perkins und Little Richard.

Zwanzig Jahre später hatte sich Dylan absolut Klarheit darüber verschafft, was er damals empfunden hatte. Weder Rock 'n' Roll noch Folkmusik konnten ihn wirklich zufriedenstellen. »*Tutti Frutti* und *Blue Suede Shoes* waren tolle Titel, und ihr Rhythmus konnte dir schon den Puls hochjagen, und du konntest so richtig darauf abfahren, aber sie waren nicht ernst genug oder spiegelten das Leben nicht auf eine realistische Weise wider«, sagte er. »Ich war mir im klaren darüber, als ich in die Folkmusik geraten bin – das war schon eher etwas Ernstes. In diesen Songs gab es mehr Verzweiflung, mehr Trauer, mehr Triumph, mehr Glauben an das Übernatürliche, viel tiefere Gefühle... Das Leben ist wahnsinnig kompliziert, und der Rock'n'Roll spiegelte das nicht wider.« Andererseits hatte er keine Zeit für das »strenggläubige und rigide Establishment« der Folkszene, die einfach festlegte, »wenn du Texas-Cowboysongs sangst, dann spieltest du eben keine englischen Balladen. Es war zum Heulen.« Er habe erst die richtige Einstellung eingeführt: »Ich hab diese ganzen Folksongs mit einer Rock 'n' Roll-Einstellung gespielt. Darum war ich anders als die andern und konnte mit diesem Mist aufräumen und gehört werden.«

Broadway/Ecke 52nd, vor dem Alvin Hotel, in dem gern Jazz-Musiker abstiegen, als man die 52nd Street noch Swing Street nannte.

Zum erstenmal versuchte er diese beiden Richtungen zusammenzubringen, als er für zwei Sitzungen im Oktober und Dezember eine Rhythmus- gruppe ins Studio mitbrachte – es waren die ersten, seit er sich im August offiziell in Bob Dylan umbenannt hatte. Bei der Auswahl der Begleitmusik für diese Sessions hatte Hammond ganz offensichtlich mitge- mischt: Es waren Mainstream- Jazzmusiker mit langjähriger Studioerfahrung, die es gewohnt waren, ihr Können in den Dienst eines Sängers zu stellen. Mit dem Gitarristen Bruce Langhorne hatte Dylan bereits bei der Aufnahme- sitzung mit Carolyn Hester gearbeitet, aber die anderen – der Pianist Dick Wellstood, der Gitarrist George Barnes, die Bassisten Leonard Gaskin und Gene Ramey sowie der Schlag- zeuger Herb Lovelle – gehörten einer anderen Generation an und konnten nichts weiter einbringen als ihren braven Professionalismus als Session- musiker. Bei *Mixed-Up Confu- sion,* Dylans erster Single, die im Dezember herauskam, kann man hören, wie er etwas so Verrücktes wie Jerry Lee Lewis auf seinen frühen Platten für Sun zu schaffen versuchte – nur viel witziger surrealistisch. Doch weil ihn keiner der Musiker wirklich forderte, scheiterte er kläglich. Hammond hätte vielleicht besser daran getan, die Produktion seinem Sohn, John Hammond Jr., zu überlassen, einem jungen weißen Blues- sänger und Gitarristen im Village, der instinktiv gespürt hätte, welcher Schwung Dylan angemessen war.

Im Dezember flog er nach London, um bei einem BBC- Fernsehspiel mitzuwirken: *The Madhouse on Castle Street* von Evan Jones. Philip Saville, der unkonventionelle englische Produzent des Fernsehspiels, war mit dem Folkloristen Alan Lomax befreundet und hatte Dylan im Vorjahr im Village gehört. Er schloß einen Vertrag mit Grossman ab, ließ Dylan einfliegen und sah ihn für die Rolle eines anarchistischen Studenten vor. Am Ende wurde diese Rolle aufgeteilt, weil Dylan seinen ganzen Text über- arbeitet wissen wollte: die eine Rolle übernahm Dylan, so, wie er auftreten wollte, die andere – der ursprünglich vorgesehene anarchistische Student – wurde nun von David Warner gespielt. Dylan sang zwei Songs: *Blowin' in the Wind* und die eigens für den Film komponierte *Ballad of the Gliding Swan;* das Fernseh- spiel wurde am 13. Januar 1963 gesendet, aber dessen Band anschließend gelöscht (das war damals bei der BBC so üblich); von der Sendung gibt es daher leider keine Aufzeichnung mehr.

Während der Probenzeit nützte Dylan auch die Gelegen- heit, sich in der Londoner Folk- szene umzuschauen. Er sang im Troubadour, im King & Queen und im Singers' Club des Pindar of Wakefield, und die Reaktionen waren gemischt: Einige der reaktionären Tradi- tionalisten wie Ewan MacColl und Peggy Seeger hielten ihn für nichtssagend, aber jüngere Künstler und Zuhörer waren einfach hingerissen. Dylan fand auch einen guten Freund in Martin Carthy, einem begabten und kenntnisreichen Sänger- Gitarristen, bei dem er wohnte. Von Carthy lernte er das Tradi-

tional *Scarborough Fair,* und von Nigel Denver, einem schot- tischen Sänger, mit dem er sich in der Silvesternacht im King & Queen im betrunkenen Zustand anlegte, schnappte er Dominic Behans *The Patriot Game* auf. Im Singers' Club sang er unter den eisigen Blicken von Seeger und MacColl *Masters of War,* ein schrilles neues Schmählied gegen das Militär, und *The Ballad of Hollis Brown,* ein langes Stück ländlichen Realismus', das so lebensnah dargestellt war, daß es wie eine Serie von Schnapp- schüssen wirkte, und das zu einer Melodie, die wie ein absolut auf das Notwendigste beschränkter Blues klang.

© BBC

ENDE 1962 GING DYLAN NACH LONDON, UM IN *MADHOUSE ON CASTLE STREET,* EINEM VON DER BBC PRODUZIERTEN FERNSEHSPIEL VON EVAN JONES, MITZUWIRKEN. ER SOLLTE DIE ROLLE VON BOBBY ÜBERNEHMEN, EINEM GITARRE SPIELENDEN GAMMLER, DER EIN ZERWÜRFNIS MIT SEINER FAMILIE HATTE, UND ER SANG *BLOWIN' IN THE WIND* UND *BALLAD OF THE GLIDING SWAN.* DAS FERNSEHSPIEL WURDE AM 13. JANUAR 1963 AUSGESTRAHLT, ABER LEIDER EXISTIERT DAVON KEIN BAND.

Dylan fuhr auch für ein paar Tage nach Italien – Suze war allerdings schon wieder in New York –, und kurz bevor er selbst in die USA zurückkehrte, traf er sich in London noch mit Eric Von Schmidt und Richard Fariña. Zusammen mit dem Geiger Ethan Signer nahmen sie leicht angetrunken in einem Hinterzimmer von Dobell's Jazz-plattenladen an der Charing Cross Road eine hingehudelte LP für das Label 77 auf. Dylan spielte bei vier Stücken unter dem Pseudonym »Blind Boy Grunt« Mundharmonika, um nicht mit seinem Vertrags-partner Columbia in Konflikt zu geraten.

Während seines Aufenthalts in London freundete er sich mit vielen jüngeren englischen Folksängern an, dafür stiess er aber eine Menge älterer Protagonisten des Folk-Establishments mit seinen Auftritten vor den Kopf, etwa dem am 22. Dezember 1962 im Singers' Club des Pub Pindar of Wakefield an der Gray's Inn Road.

MIT SUZE UND FREUNDEN
ANFANG 1963 IN DEN STRASSEN
VON NEW YORK.

Im ersten Monat nach seiner Rückkehr schrieb Dylan einen Song, der stets zu seinen beliebtesten Songs gehört hat. *Girl from the North Country* basiert zwar auf der Melodie von *Scarborough Fair,* aber der Text war absolut eigenständig und neu. Später hielt man den Song für eine nostalgische Hommage an Echo Helstrom. Zweifellos hatte sie ihn inspiriert, aber der Song war bestimmt nicht »über« sie geschrieben – damit würde man ein eigenständiges Kunstwerk zur bloßen Gelegenheitsdichtung herabwürdigen.

Gleichwohl war er in diesen ersten Wochen des Jahres 1963 in Gedanken mit Sicherheit in Minnesota. *Bob Dylan's Dream,* im Februar geschrieben (und nach einer anderen traditionellen Melodie *Lord Franklin* vertont, die ihm Carthy beigebracht hatte), war vielleicht durch seine Besuche von New York aus in Dinkytown und bei den Freunden ausgelöst worden, mit denen er immerhin ein prägendes Jahr verbracht hatte. Für einen Einundzwanzigjährigen war dies ein nachdenklicher Song von bemerkenswerter Reife. Als ihm bereits der Duft des Erfolges in die Nase gestiegen war, fand er Gelegenheit, auf eine Zeit zurückzublicken, in der es noch keine Verträge und Vorschüsse gegeben hatte: »Ten thousand dollars, at the drop of a hat/ I'd give it all gladly if our lives could be like that.« Das mag vielleicht nicht ganz aufrichtig gewesen sein, aber daß ihm überhaupt ein derartiger Gedanke kommen konnte, war doch sehr aufschlußreich.

Nun war er auch wieder mit Suze zusammen, und Arm in Arm stapften sie durch den Schnee auf der West 4th Street – für den Fotografen von Columbia Records, dessen bewegendes Farbfoto das rührende Covermotiv für Dylans zweite LP wurde. Und am 12. April saß Suze im Publikum der zu drei Vierteln gefüllten Town Hall mit 900 Plätzen und lauschte seinem Solokonzert, bei dem er auch einen acht Minuten dauernden poetischen Monolog sang: *Last Thoughts on Woody Guthrie*. Columbia demonstrierte das zunehmende Interesse an ihm durch einen Konzertmitschnitt. Allerdings wurde die Aufnahme nie veröffentlicht.

Bevor er im Dezember nach England geflogen war, hatte Dylan seine zweite LP für abgeschlossen gehalten. Aber nun überlegte er es sich anders. Im April waren zwar bereits Pressevorabexemplare von *The Freewheelin' Bob Dylan* unterwegs, doch er wollte unbedingt noch vier Songs austauschen, offenbar weil er der Meinung war, daß sie noch zu große Anklänge an die erste LP hätten – zu sehr an Woody Guthrie und die Bluessänger erinnerten und die Entwicklung

nicht widerspiegelten, die er beim Schreiben seiner Songs inzwischen vollzogen hatte. Ausgetauscht wurden *Rocks and Gravel, Let Me Die in My Footsteps, Ramblin' Gamblin' Willie* und (vermutlich zur großen Erleichterung der Plattenfirma) der unverblümte *Talkin' John Birch Paranoid Blues*. An ihre Stelle traten vier seiner neuen Songs, die wie

üblich mit ihm allein aufgenommen worden waren, aber mit einem neuen Mann im Kontrollraum: Tom Wilson, einem jungen schwarzen Plattenproduzenten. Eingeführt hatte ihn Dave Kapralik, Leiter des Pop-Labels A&R bei der Columbia und John Hammonds Erzfeind. Wilson, der die Avantgarde-Jazzmusiker Cecil Taylor und Sun Ra für spezielle Labels

»She knows me well/Perhaps too well/An' is above all/The true fortuneteller of my soul/Perhaps the only one…«

HIER SINGT ER – NEBEN PETE SEEGER – *ONLY A PAWN IN THEIR GAME,* EINEN SONG ÜBER DEN MORD AN MEDGAR EVERS, DEM LEITER DER NATIONAL ASSOCIATION FOR THE ADVANCEMENT OF COLOURED PEOPLE (NAACP) IN

MISSISSIPPI. BEI DIESER DEMONSTRATION, DIE AM RANDE DER BAUMWOLLFELDER AUSSERHALB VON GREENWOOD, MISSISSIPPI, AM 6. JULI 1963 STATTFAND, WURDE ER ZUM ERSTENMAL

UNMITTELBAR MIT DEM PROBLEM DER RASSENTRENNUNG IM TIEFEN SÜDEN DER VEREINIGTEN STAATEN KONFRONTIERT; DEN SONG HATTE ER ZWEI WOCHEN ZUVOR GESCHRIEBEN.

aufgenommen hatte, konnte mit Folkmusik überhaupt nichts anfangen. »Ich hatte geglaubt, Folkmusik wäre was für Doofe«, sagte er später. »Dieser Bursche spielte auch wie die Doofen, aber dann hörte ich, was er sang. Und das hat mich einfach umgehauen.«

Viel hatte Tom Wilson nicht zu tun bei *Girl from the North Country, Masters of War, Bob Dylan's Dream* und *Talkin' World War III Blues.* Jeder dieser Songs war auf seine Weise vollkommen und trug wesentlich zur besonderen Qualität der LP *Freewheelin'* bei, die am 27. Mai herauskam. Sie war ein beachtlicher Fortschritt gegenüber der ersten LP: In erster Linie präsentierte sie Dylans eigene Kompositionen, und selbst wer mit seiner unkonventionellen Stimme nichts anzufangen wußte, konnte nicht umhin festzustellen, daß hier jemand mit Worten und Musik wirklich umzugehen verstand. Für alle anderen aber, die sich die Platte ohne derartige Vorbehalte anhörten, war dieser Vortrag in seiner Vielfalt und Intensität geradezu schwindelerregend, und er erreichte in dem außergewöhnlichen Song *A Hard Rain's A-Gonna Fall* seinen Höhepunkt. Über diesen witzelte Dylan gegenüber Nat Hentoff, dem Autor des Covertextes, ein wenig: Für ihn sei jeder Vers eigentlich der Anfang eines neuen Songs gewesen, »aber... ich hab' gedacht, so lange würde ich nicht leben, um all diese Songs schreiben zu können, und so hab' ich einfach alles, was ich konnte, in diesen einen gepackt.« In *Hard Rain* ließ Dylan ein Symbol auf das

andere folgen, setzte diese Symbole in Töne von höllenhafter Trostlosigkeit um, wie er es von Robert Johnson gelernt hatte, so daß sich der Wahnsinn der Kubakrise darin widerspiegelte, und schuf damit die Grundlagen seines Aufstiegs zur Kultfigur. Selbst Studenten, die Prüfungen über Eliot und Yeats ablegten, fanden hier etwas, das ihrem wachen Intellekt entgegenkam und zugleich die Teenager-Rebellion der frühen sechziger Jahre beflügelte. James Dean hatte mit der Lektüre von James Joyce Furore gemacht – doch bei Dylan war beides in einem Paket, hier waren Worte und Attitüde in Musik umgesetzt.

Kaum waren Dylan und Suze zusammen in den Plattenracks von Amerika aufgetaucht, da begegnete er der nächsten wichtigen Frau in seinem Leben. Ende Mai wurde er beim Monterey Folk Festival in Nordkalifornien mit Joan Baez bekannt gemacht, der neuen Königin der Folkszene. Sie war von einem Vorabexemplar von *Freewheelin'* so beeindruckt gewesen, daß sie bei dieser Gelegenheit zu ihm auf die Bühne kam und mit ihm einen neuen Song vortrug, *With God on Our Side,* der von der Melodie wie vom Text von *The Patriot Game* inspiriert war. Bei einer Kundgebung in Greenwood in Mississippi im Juli sang

Dylan einen neuen Bürgerrechtssong, *Only a Pawn in Their Game*. Noch im selben Monat wurde erneut sichtbar, welch wichtige Rolle er inzwischen in der Folkwelt spielte, als er mit Joan Baez und Pete Seeger beim Newport-Festival auftrat. Peter, Paul and Marys Version von *Blowin' in the Wind* war bereits in den nationalen Popcharts gelandet (wo sie am Ende Platz 2 erreichen würde). Als Dylan mit dieser Gruppe – sowie mit Joan Baez, Pete Seeger, Theodore Bikel und den Freedom Singers – auftrat und das Eröffnungskonzert des Festivals mit *We Shall Overcome* abschloß, war er die stärkste neue Persönlichkeit

DER AUFSTIEG BOB DYLANS ZUM FOLKSÄNGER-IDOL FAND AM 26. JULI 1963 STATT, ALS ER IM FREEBODY PARK IN NEWPORT, RHODE ISLAND, *BLOWIN' IN THE WIND* SANG UND GEMEINSAM MIT PETER YARROW, MARY TRAVERS, PAUL STOOKEY, JOAN BAEZ, DEN FREEDOM SINGERS, PETE SEEGER UND THEODORE BIKEL *WE SHALL OVERCOME* ANSTIMMTE.

© 1963 FRED W. McDARRAH

ER HATTE BEREITS EINE ENGE
BEZIEHUNG ZU JOAN BAEZ, ALS BEIDE
ZUSAMMEN UNTER DEM LINCOLN
MEMORIAL IM RAHMEN DES MARSCHES
NACH WASHINGTON AM 28. AUGUST
1963 SANGEN. EIN PAAR MONATE
SPÄTER GINGEN SIE GEMEINSAM AUF
KONZERTTOURNEE.

der Bürgerrechtsbewegung.
Und Robert Shelton notierte:
»Er verließ Newport als Star.«

Dylans Zusammenarbeit mit
Joan Baez beruhte auf mehr als
bloßer gegenseitiger Bewunderung. Im August begleitete er
sie zu ihren Konzerten – sie
waren ein Liebespaar
geworden. Im September – ein
paar Tage nachdem sie beim
Marsch nach Washington vor
400 000 Menschen gesungen
hatten – zog er in ihr Haus in
Carmel Valley, Kalifornien.
Musikalisch war dies keine
ergiebige Zusammenarbeit.
Anfangs brachte die Baez mit
ihrer sehr direkten Art Dylans
Songs zweifellos einem
größeren Publikum näher, aber
als sie dann gemeinsam
sangen, paßten ihr sicherer,
volltönender Alt und sein
brüchiges Krächzen einfach
nicht zusammen. Doch das

Publikum mochte sie beide
wegen ihres offenkundigen
Einfühlungsvermögens
und wegen all dem, was sie zu
verkörpern schienen: eine
Verbindung von ebenso
komplizierten wie attraktiven
persönlichen Eigenschaften –
ihre Reinheit und Strenge,
seine Beredsamkeit und Uner-
gründlichkeit –, die zudem von
progressiven politischen
Einstellungen zusammen-
gehalten wurden.

Doch auf die Dauer konnte das
nicht gutgehen. Im Oktober war
es soweit: In *Newsweek*
erschien ein Artikel, in dem
Dylan vorgeworfen wurde, er
hätte seine Biographie getürkt
und seine Songs gestohlen
(*Blowin' in the Wind* sei Dylan
angeblich von einem High-
School-Studenten aus New
Jersey verkauft worden). In

anderen Zeitungsbeiträgen wurden seine Einstellungen lächerlich gemacht.

Joan Baez mit ihrem geradlinigen Verantwortungsbewußtsein als politisch engagierte Künstlerin geriet bald in Konflikt mit seinen Anschauungen. Doch für Dylan waren die Dinge nicht so einfach. Als ihm das Emergency Civil Liberties Committee am 13. Dezember 1963, wenige Wochen nach dem Attentat auf Präsident Kennedy, den Tom Paine Award für sein engagiertes Eintreten für Freiheit und Gleichheit verlieh, hielt er eine wirre Dankesrede, die darin gipfelte, daß er sich offenbar mit den Problemen und Motiven des Kennedy-Attentäters Lee Harvey Oswald identifizierte. In einem Entschuldigungsschreiben, das er anschließend an das Komitee schickte, sowie in einem

offenen Brief an *Broadside* bemühte er sich zum erstenmal, seine Verbindungen zu organisierten politischen Bewegungen abzubrechen.

Von einer derartigen Einstellung freilich war in den Stücken nichts zu spüren, die für seine dritte LP gerade in den Columbia-Studios aufgenommen wurden, wobei Tom Wilson sich inzwischen auf dem Stuhl des Produzenten häuslich niedergelassen hatte. Die LP *The Times They Are A-Changin* war, angefangen vom programmatischen Titelsong, eine wahre Apotheose des Protestsongs. *The Ballad of Hollis Brown, With God on Our Side, The Lonesome Death of Hattie Carroll* und *Only a Pawn in Their Game* gingen bestimmte Themen ganz unzweideutig an, während *Boots of Spanish Leather* – eine hübsche Bearbeitung von *Girl from the North Country* und mit den beiden »Stimmen« der Liebenden eine Anspielung auf den Verlust von Suze – und *One Too Many Mornings* – ein resignierter Abschiedsbrief – sich dagegen geradezu sanftmütig ausnahmen. In *North Country Blues* wandte er sich noch einmal rührend der Iron Range von Minnesota zu, wobei er die

ENDE 1963 WAR DYLAN DER BEKANNTESTE JUNGE SÄNGER AMERIKAS – ABER DAS HATTE SEINEN PREIS. BESONDERS ERREGTE IHN EIN ARTIKEL IN *NEWSWEEK,* IN DEM IHM VORGEWORFEN WURDE, SEINE ANGABEN ÜBER SEINE HERKUNFT AUS DER MITTELSCHICHT SEIEN ERLOGEN, VOR ALLEM ABER UNTERSTELLTE IHM DER AUTOR, ER HABE *BLOWIN' IN THE WIND,* SEINE BERÜHMTESTE KOMPOSITION, EINEM ANDEREN SONGSCHREIBER ABGEKAUFT.

von ihm meisterhaft beherrschten traditionellen Techniken für ein überzeugendes Porträt über das harte Leben einer Bergarbeiterfrau verwandte. In der Woche, in der der *Newsweek*-Artikel erschien, schrieb er das letzte Stück der LP und zeichnete es auch gleich auf – *Restless Farewell,* das mit den zornigen Zeilen endet: »Oh a false clock tries to tick out my time/To disgrace, distract and bother me/And the dirt of gossip blows into my face/And the dust of rumours covers me...« Das Leben, dürfen wir daraus schließen, fiel ihm allmählich zur Last.

Die LP kam im Januar 1964 heraus, und auf dem Cover befand sich ein erstaunliches Bild: das grobkörnige Schwarzweißporträt eines zweiundzwanzigjährigen Jungen, der eher wie ein Zweiundvierzigjähriger aussah und in dessen niedergeschlagenen Augen die ganze Erfahrung und Skepsis eines verfehlten jungen Lebens stand. Wie das Cover von *Freewheelin'* diente auch dieses in erster Linie der Imagebildung, und Barry Feinsteins säuberlich ausgeschnittenes *Times*-Foto schuf denn auch das Image des archetypischen Protestsängers. Der Eindruck, daß es hier um etwas Ernsthaftes und Wesentliches ging, wurde noch dadurch verstärkt, daß die Songtitel direkt unter dem Titel der LP abgedruckt waren.

Am 3. Februar 1964, kaum zwei Wochen später, brach Dylan mit drei Freunden – Victor Maimudes, Paul Clayton und Pete Karman – zu einer Reise auf, die er schon immer hatte unternehmen wollen: ins

Herz von Amerika. Einen Monat lang zogen sie kreuz und quer durchs Land, und ihre einzigen Fixpunkte waren ein halbes Dutzend Dylan-Konzerte in Atlanta, Jackson, Denver, Berkeley und Santa Monica. Sie kamen mit streikenden Bergarbeitern in Kentucky zusammen, besuchten den Dichter Carl Sandburg in North Carolina und versumpften im hedonistischen Wahnsinn des berühmten Mardi Gras von New Orleans. Als Dylan Anfang März wieder in New York war, mußte er feststellen, daß seine Beziehung zu Suze, die er über mehrere Monate schlecht und recht neben der Affäre mit Joan Baez aufrechterhalten hatte, endgültig beendet war.

Im Mai ging er nach London und gab ein Konzert in der Royal Festival Hall – einem prestigeträchtigen Ort, der immerhin fast 3000 Menschen Platz bot. Hier fand er sich zum erstenmal mit der Massenhysterie konfrontiert, die künftig all seine Konzerte begleiten würde. England lag im Fieberwahn einer überwältigenden Begeisterung für die

IM MAI 1964 TRAF ER AUF DEM HEATHROW AIRPORT EIN, SEIN KONZERT IN DER LONDONER ROYAL FESTIVAL HALL STAND BEVOR. ALS ER MIT DEN REPORTERN SPRACH, STAPELTE SICH DIE POST SEINER ENGLISCHEN FANS VOR IHM AUF DEM TISCH.

GLOBE PHOTOS

tiert worden war, seine neue LP fast ausschließlich persönliche Songs brachte – und darunter war sogar ein Song, in dem er unmißverständlich seine frühere Einstellung verleugnete und der die Zeile enthielt: »Lies that life is black and white spoke from my skull.« Und er hätte es kaum eindeutiger ausdrücken können als in *My Back Pages,* mit seiner berühmten revisionistischen Formel: »Ah, but I was so much older then, I'm younger than that now.«

Die LP flüchtete sich in eine innere Landschaft, in der es keine erwürgten schwarzen Dienstboten, keine miesen Waffenschieber, keine ermordeten Präsidenten und keine verhungernden Bergarbeiter mehr gab. Die meisten dieser Songs beschäftigten sich mit schwierigen Beziehungen zu Frauen, auch wenn er in *It Ain't Me, Babe* wieder einmal – wie schon zuvor in *Don't Think Twice* – derartige Gefühle so raffiniert formulierte, daß er damit ein breites Publikum ansprach. Das waren die Sachen, von denen sich inzwischen andere Künstler bei seinem Verlag Vorabdemobänder erbettelten.

Das Herzstück dieser LP war *Chimes of Freedom,* ein gewaltiger Bildteppich gebrochener Metaphern, aufgepickt an einem »wilden Kathedralenabend« im Herzen Amerikas, als er mit Maimudes, Clayton und Karman durchs Land gezogen war. Wer eine Bestätigung dafür finden wollte, daß Bob Dylan sich noch immer für die condition humaine interessierte: Hier war sie – auch wenn er künftig sein Interesse am Menschen nicht mehr durch

Beatles, die Rolling Stones, die Kinks, die Hollies und zahlreiche andere neue Gruppen. Nun standen deren Fans auch für Dylan Schlange, und das waren genau die Fans, die er sich wünschte. Er sah ihre Kleidung, ihr Haar, ihr Auftreten und entdeckte in ihnen sein Spiegelbild – genauso wie sie sich in ihm gespiegelt sahen.

In diesen Wochen und vor allem während eines kurzen Urlaubs in Griechenland schrieb er die Songs, die im Juni an einem einzigen Tag in den

Columbia-Studios aufgenommen wurden und im August auf seiner vierten LP herauskamen – *Another Side of Bob Dylan.* »Tom Wilson hat ihr diesen Titel gegeben«, sagte er. »Ich habe ihn immer wieder gebeten, es nicht zu tun. Das kam mir viel zu bemüht vor… Es hörte sich an wie eine Abrechnung mit der Vergangenheit, und das stimmte überhaupt nicht.« Tatsache ist gleichwohl, daß in dem Augenblick, als Bob Dylan als Sprachrohr seiner Generation akzep-

Geschichten in »Schwarz und Weiß« zum Ausdruck bringen würde. Das neue Album enthielt auch einen Song, der sich später als erster echter Fehler entpuppte, auch wenn es seinerzeit nicht danach aussah. *Ballad in Plain D* war ein bitterer, von Rache erfüllter Song, der Suzes Mutter und ihrer älteren Schwester Carla heftige Vorwürfe machte, ihre Rolle beim Scheitern der Beziehung anprangerte und den entscheidenden Streit beschrieb, der mit einer Prügelei zwischen Dylan und Carla geendet hatte. »Dieser Song ging einfach zu weit«,

Robert Shelton (links) schrieb die verständnisvolle Besprechung in der *New York Times*, die faktisch Dylans Karriere einleitete. Sie wurden Freunde. Hier sieht man beide fast drei Jahre später hinter der Bühne während des Newport-Festivals von 1964.

Dylan hatte nichts mehr mit der orthodoxen Folk-Szene gemein. In Newport konnte er seinen Triumph vom vergangenen Jahr nicht mehr wiederholen. Songs wie *Mr. Tambourine Man* und *All I Really Want to Do* schienen sich an ein völlig anderes Publikum zu wenden.

sagte Suze später. Und Dylan gab ihr schließlich recht: »Es war ein Fehler, ihn aufzunehmen, und ich bedaure das.«

Beim Newport Folk Festival im Juli stieß er seine Fans vor den Kopf, als er sich weigerte, die alten beliebten Songs zu spielen und statt dessen betrunken und stammelnd neue Lieder vortrug, darunter auch den bis dahin noch nicht aufgenommenen *Mr. Tambourine Man.* Die Folge war unter anderem, daß Irwin Silber, der Herausgeber von *Sing Out!,* ihm einen offenen Brief schrieb: »Du fängst an, Dich im Spinnennetz

des Ruhms zu verzetteln...« Dylan zog sich daraufhin in Grossmans großes Haus in Woodstock zurück, einer Künstlerkolonie im Norden des Staates New York. Im August unternahm er einen Trip in die Metropole, um die Beatles zu hören, und am 31. Oktober kam er noch einmal, um ein Konzert zu Hallowe'en zu geben, bei dem er wieder ganz der alte zu sein schien. Ein paar der älteren Protestsongs kamen wieder zu neuen Ehren, zusammen mit zwei aufregenden neuen Songs: *Gates of Eden,* in dem seine exotisch

reichhaltige Metaphorik einen neuen Höhepunkt erreichte, und *It's Alright, Ma,* in dem er erneut bestimmte Schattenseiten der Gesellschaft aufs Korn nahm – aber diesmal bekam er die Leidenschaft, die er einst in *See That My Grave Is Kept Clean* eingebracht hatte, dichterisch viel sicherer in den Griff. So ging dieses Jahr doch noch besser zu Ende, als er vielleicht erwartet hatte – ein Jahr, in dem sich zum Grundthema seiner zunehmenden Beliebtheit ständig ahnungsvolle Untertöne von Sterblichkeit gesellt hatten.

1964 HIELT ER SICH MEHR IN WOODSTOCK ALS IN NEW YORK AUF. IN DIESER LÄNDLICHEN KÜNSTLERGEMEINDE KONNTE ER IN RUHE SCHREIBEN UND SEINE NEUE TRIUMPH 500 AUF DEN STILLEN NEBENSTRASSEN AUSFAHREN.

# 3. Geister der Elektrizität

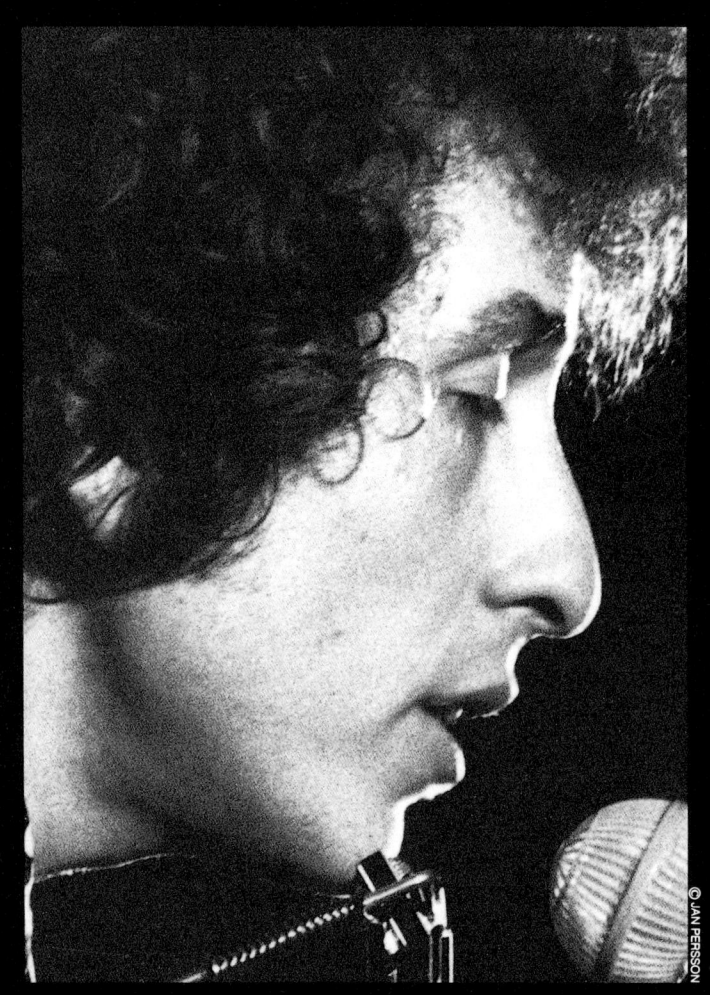

© JAN PERSSON

»*Dieser dünne,*

*dieser wilde,*

*quecksilbrige*

*Klang . . .*

*metallisch und*

*strahlend wie*

*Gold . . .*«

 Dylan verbrachte fast den ganzen Herbst 1964 in Albert Grossmans Haus in Bearsville bei Woodstock. Zwar hatte er noch immer sein Apartment an der West 4th Street und zog gelegentlich auch noch mit Bobby Neuwirth in Downtown um die Häuser, doch im Grunde drängte es ihn, von der zu eng gewordenen Village-Szene Abstand zu gewinnen. Woodstock war eine hübsche Stadt mit entspannter Atmosphäre. In Grossmans Garage stand sein Motorrad, er spielte Schach im Café Espresso und schrieb ein paar Songs, die die nächste große Revolution im Rock 'n' Roll auslösen sollten.

Dylan hatte durch seinen Erfolg alle Möchtegernimitatoren in der Folkszene längst hinter sich gelassen. In England waren die Animals, eine wilde Rhythm-and-Blues-Gruppe aus Newcastle, mit dichten, starken Versionen von

IM SPÄTHERBST 1964: DYLAN UND SEIN ROAD-MANAGER VICTOR MAIMUDES IN DEM LANDHAUS VON ALBERT UND SALLY GROSSMAN IN BEARSVILLE BEI WOODSTOCK. AUF EINER TAFEL AN DER AUFFAHRT STAND: »OHNE VORHERIGE TELEFONISCHE ANMELDUNG HABEN SIE HIER NICHTS ZU SUCHEN.«

*Baby Let me Follow You Down* (umgetitelt zu *Baby Let Me Take You Home*) und *House of the Rising Sun* in die Charts gekommen, und beide Songs waren durch Dylans erste LP inspiriert worden. Auch John Lennon hatte Dylans Platten immer wieder gespielt; als beide sich 1964, während der triumphalen zweiten US-Tournee der Beatles, trafen, rollte Dylan in einem New Yorker Hotelzimmer der Liverpooler Gruppe die ersten Joints. Und als im Dezember in England die LP *Beatles for Sale* herauskam, war Dylans Einfluß in Lennons *I'm a Loser* nicht zu überhören: Die amerikanischen Folkkadenzen und die nonkonformistische Attitüde des Amerikaners hatten den Stil eines jungen Engländers modifiziert, der mit Presley und Motown aufgewachsen war. Es wäre allerdings übertrieben zu behaupten, Dylan habe die Beatles von Pilzköpfen zu Drogenfreaks umgepolt, aber mit Sicherheit hatte er auf Lennon befreiend gewirkt und dessen intuitive Trotzhaltung gegenüber dem Establishment genährt, die zunehmend auch die Richtung der gesamten Gruppe bestimmte. In *You've Got to Hide Your Love Away* (auf dem Soundtrack von *Help!*, der im Sommer 1965 herauskam) erwies Lennon ganz offen dem Folkstil seine Reverenz – doch mit *Norwegian Wood* auf der LP *Rubber Soul*, die am Ende des Jahres auf dem Markt war, bewies Lennon auch, daß er aus seiner Fixierung auf Dylan durchaus etwas Eigenständiges machen konnte.

Dylans Image begann nun ein Eigenleben zu entwickeln:

Für die Öffentlichkeit, die Presse und einige seiner Kollegen war er ein fremdes, exotisches Wesen geworden, eine Art Messias oder Orakel. Er begann nun auch, in anderen sozialen Kreisen zu verkehren. Als er mit Neuwirth kurz vor Weihnachten im Kettle of Fish (einer Bar an der MacDougal Street) saß, lernte er Edie Sedgwick kennen, ein junges Model aus einer namhaften Familie in Massachusetts, die von einer Diskothek zur anderen zog. Die zweiundzwanzigjährige Edie Sedgwick, ein rassiges Geschöpf mit einem durch und durch androgynen Gesicht, war die perfekte Kreuzung zwischen einer Debütantin und einem Gossenkind. Ein paar Wochen später begegnete sie Andy Warhol und gehörte fortan zu dessen »Superstars«, die im Atelier des Pop-Künstlers herumhingen, der mit Alufolie ausgekleideten Factory. Sie war ganz anders als die normalen langhaarigen Mädchen, die wie hypnotisiert zu Dylans Füßen saßen, wenn er seine traditionellen Balladen in Folkclubs sang. Und anders war auch eine Frau, die er vor kurzem kennengelernt hatte: Sara Lowndes, eine Freundin Sally Grossmans (der Frau seines Managers) und Stammgast in Bearsville. Sara – Ex-Frau eines leitenden Angestellten in Hugh Hefners Playboy-Imperium – war eine dunkle, ruhige, gelassene Schönheit, das genaue Gegenteil der redseligen, gesellschaftlich hyperaktiven und – wie sich später herausstellte – überaus verletzlichen Edie.

Als Dylan Mitte Januar 1965 die Aufzeichnung für seine fünfte LP vorbereitete, bezog er

aus all diesen neuen Begegnungen die Kraft für einen entscheidenden Stilwandel – besonders ermutigte ihn die unerschrockene Art und Weise, mit der die neuen englischen Gruppen experimentierten. Sie hatten sich mit dem Publikum verbündet, das auch er, genauso wie sie, erreichen wollte, indem sie ihre von der Folktradition beeinflußte Musik mit dem Elektrosound des Rock 'n' Roll verbanden. Vor allem aber brachten sie das mit enormer Selbstverständlichkeit, ohne sich deswegen bei irgend jemandem zu entschuldigen oder Rücksicht auf das zu nehmen, was Diskjockeys aus dem Mittleren Westen oder die Finanzangestellten der Plattenfirmen meinten sagen zu müssen.

Am 14. Januar 1965 war es dann soweit: Eingefunden im Studio A der Columbia hatten sich zwei Elektrogitarristen, Al Gorgoni und Kenny Rankin, die Pianisten Paul Griffin und Frank Owens, John Sebastian (der später die Lovin' Spoonful leiten würde) an der Baßgitarre und Bobby Gregg, wieder einmal am Schlagzeug. Tom Wilson hatte keine jungen Rabauken angeheuert, sondern erfahrene Sessionleute. Aber sie waren jünger und engagierter als die Jazzmusiker, die John Hammond für *Mixed-Up Confusion* zur Verfügung gestellt hatte – kein Wunder, daß auch die Ergebnisse ganz anders ausfielen.

Dylan hatte einen neuen Song mitgebracht: *Subterranean Homesick Blues*, eine Art absurder Transformation von Chuck Berrys *Too Much Monkey Business* – seinerseits ein Klassiker der Schnellfeuer-

BEIM SCHACHSPIEL IN BERNARD PATURELS CAFÉ ESPRESSO. PATUREL, DER AUCH DYLANS CHAUFFEUR UND LEIBWÄCHTER WAR, SAGTE EINMAL: »ES GIBT SO VIELE SEITEN AN BOB DYLAN...«

Die Aufnahmesitzungen vom Januar 1965 für *Bringing It All Back Home* stellen einen bemerkenswerten Bruch mit der musikalischen Gestaltung seiner ersten vier Alben dar: Mit einer zusätzlichen Rhythmusgruppe wollte Dylan seine komplexen Songs mit der Energie des Rock 'n' Roll aufladen.

Das neue Album begann zwar mit dem lärmenden Elektrik-Blues *Subterranean Homesick Blues*, bestand aber zur Hälfte aus akustisch gespielten Songs.

wortspiele des Rock 'n' Roll. Zuerst spielte er den Song in einer Solo-Akustikversion ein, dann aber hatte er nach wenigen Minuten die Rhythmusgruppe soweit, daß diese eine Art überzeugend beiläufiger Jam-Session spielte – und so etwas hatte es in der ganzen zehnjährigen Geschichte des Rock noch nie gegeben! Dylan würfelte die Musik einfach zusammen, und so klang sie dann auch. Diese Spontaneität bewirkte beträchtliche rauhe Ecken und Kanten, und er achtete peinlich darauf, daß diese nicht abgeschliffen wurden. Er wollte überhaupt nichts Glattes, sondern Stimmung – und Dezibel, einen heillosen Krach erzeugen. Und die legte er auch in diesen Song hinein, ebenso in die anderen fünf Songs, die mit der gleichen Besetzung aufgenommen wurden: *Maggie's Farm, On the Road Again, Outlaw Blues, Bob Dylan's 115th Dream* und *If You Gotta Go, Go Now.* Es war ein taumelnder, formloser, schriller Lärm, seltsam stillos, so daß sich die englischen Rockgruppen dagegen – sogar die Yardbirds oder die Kinks – ausgesprochen glatt ausnahmen; aber es war der ideale Hintergrund für seine Stimme, die sich zum erstenmal wie die eines jungen Mannes anhörte.

Und am nächsten Tag, als Dylan die zweite Seite der LP aufnahm, war die Grundstimmung ganz anders. Jetzt waren drei Songs dran, die er bereits bei seinen Sommer- und Herbstkonzerten im letzten Jahr gebracht hatte. *Mr. Tambourine Man, It's Alright, Ma (I'm Only Bleeding)* und *Gates of Eden* waren noch komplexer als *Hard Rain* und *Chimes of Freedom.* Mit diesen Songs demonstrierte Dylan, daß er einen Text schreiben konnte, mit dem er seine Zuhörer durch aneinandergereihte Bilder in einen Wortrausch versetzte, die für sich keinen Sinn ergaben, aber irgendwie eine stärkere Resonanz hervorriefen als je zuvor. Bei *Mr. Tambourine Man* und vor allem bei *Gates of Eden* schien er es geradezu darauf anzulegen, daß man ihn mit den Autoren der verschiedensten Werke verglich – mit den Verfassern des Alten Testa-

ments, mit mittelalterlichen Troubadours und William Blake, aber auch mit den Dichtern Apollinaire und Rimbaud. Die Songs hatten eine ungewöhnliche Wirkung – man war zugleich geblendet und verstört: Wer wußte denn schon, was »vierbeinige Waldwolken« waren, auf denen der Cowboy-Engel ritt? Warum stand der Laternenpfahl mit verschränkten Armen da? Und was genau hatte die schwarze Motorradmadonna, die zweirädrige Zigeunerkönigin eigentlich gegen den Zwerg im grauen Flanell? Aber wollte

Im Studio A der Columbia am 15. Januar 1965. Von links nach rechts: der Journalist Al Aronowitz, Produzent Tom Wilson, ein unbekannter Musiker, Dylan und sein Manager Albert Grossman.

man das wirklich noch wissen? War doch jedes Wort mit einer derart dunklen und fremden Leidenschaft aufgeladen, daß es geradezu in die Vinylscheibe eingebrannt zu sein schien. Und das Publikum folgte Dylan nur allzu willig. Man würde es sich allerdings zu leicht machen, schriebe man die verführerische Wirkung seiner hochgestochenen Texte einfach der pubertären Unreife seiner Zuhörer zu. Auch fünfundzwanzig Jahre später kann man diese Songs immer noch genießen – wegen des Klangs ihrer Worte, der fließenden Visionen, die sie auslösen, und wegen der gelegentlich unglaublich originellen und rasiermesserscharfen Formulierungen, die sogar in den allgemeinen Sprachgebrauch Eingang gefunden haben. Von *It's Alright, Ma* war man auf eine ganz andere Weise fasziniert: Das war eine so spezifische und unversöhnlich kritische Darstellung der Gegenwart, daß sie heute noch als die Quintessenz der Weltsicht Dylans Bestand haben könnte. Mit seinen Ausfällen gegen Politiker, Werbemanager, Lehrer, Prediger, Anwälte und all die großen und kleinen Ja-Sager schien der Erzähler auf dem schmalen Grat zwischen Gesundheit und Wahnsinn zu balancieren und die Wahrheit nur mühsam im Auge behalten zu können. All diese Tiraden wurden in einer buchstäblich monotonen Unmelodie dahingefetzt, und die musikalische Bewegung wurde ausschließlich von fallenden Gitarrenakkorden erzeugt, für die *See that My Grave Is Kept Clean* Vorbild war. Dylans Stimme, die sich beharrlich einer Art

morbider Ausdruckslosigkeit befleißigte, erzielte zusammen mit dem eindringlichen Gitarrenspiel eine unglaublich dramatische Wirkung, noch verstärkt durch den plötzlich einsetzenden verlorenen Ton der Mundharmonika, die jeden Refrain unterstrich.

Diese drei Songs wurden am 15. Januar ohne akustische Raffinessen aufgezeichnet (wobei der diskrete Bruce Langhorne anmutige Gitarrenfüllsel zu *Mr. Tambourine Man* beisteuerte). Jemand, der dabei war, behauptete sogar, sie seien in einem einzigen Rutsch nacheinander aufgenommen worden, ohne Pausen für Playbacks – was angesichts ihrer Länge und Kompliziertheit schon erstaunlich genug ist, und um so erstaunlicher angesichts der kontrollierten Intensität, mit der Dylan sie darbot. Für einen vierten Song – *It's All Over Now, Baby Blue* – spielte Bill Lee Kontrabaß. Bei *She Belongs to Me* und *Love Minus Zero/No Limit* wurden Langhorne und Lee von John Hammond Jr.s Akustikgitarre und Bobby Greggs unaufdringlichem Schlagzeug unterstützt. All diese Songs, deren Gemeinsamkeit Nachdenklichkeit war, hörten sich an, als seien sie als akustische Solostücke konzipiert worden, so daß Dylan sie bei Konzerten leicht allein vortragen konnte.

Der Titel der LP *Bringing It All Back Home* war doppeldeutig: Für alte Folkfans konnte dieser als Bestätigung dafür gelten, daß Dylan zu seinen vermeintlichen Wurzeln zurückgefunden hatte – zu Woody Guthrie und Muddy Waters. Das junge Hipsterpublikum jedoch konnte

Am 15. Januar 1965 nahm er in einer Sitzung *Mr. Tambourine Man*, *It's Alright, Ma (I'm Only Bleeding)* und *Gates of Eden* auf – drei seiner gehaltvollsten und komplexesten Songs. Der Kritiker Paul Williams meinte, das sei »gut und gern die stärkste Brise, die ein amerikanischer Künstler nach Ginsberg und Kerouac mit *Howl* und *On the Road* seit einem Jahrzehnt erzeugt habe«.

© 1965 FRED W. McDARRAH

darin eine Verbindung zum Rock 'n' Roll sehen und daraus schließen, daß Dylan eigentlich die ganze Zeit nichts anderes im Sinn gehabt hatte. Hätte er seine alten Fans wirklich sanft in seine neue Musik einführen wollen, dann hätte er die LP mit *It's Alright, Ma* oder vielleicht mit *She Belongs to Me* beginnen lassen. Die Tatsache aber, daß er *Subterranean Homesick Blues* an den Anfang setzte, konnte nur eines bedeuten: Er war bereit, diese Fans zu verlieren, wenn es nicht anders ging.

Das Coverbild machte eindeutig klar, daß es ihm jetzt um etwas ganz anderes ging: Er trat nicht mehr als Barde der Dust Bowl auf oder als Waisenkind auf der verschneiten 4th Street. Auf dem kunstvollen Arrangement des Fotografen Daniel Kramer posiert Dylan in einem Zimmer des Hauses

seines Managers: Wie aus dem Ei gepellt in einem eleganten dunklen Jackett, im gestreiften Hemd mit hochgeknöpftem Kragen und protzigen Manschettenknöpfen, das Haar zur üppigen Hochfrisur gestylt, auf dem Schoß seine starr blickende rauchfarbene Katze (sie hieß Rolling Stone!); hinter ihm räkelt sich Sally Grossman in einem scharlachroten Hosenanzug, als sei sie gerade einer Hochglanzzeitschrift entstiegen. Um sie herum, auf der Samtcouch und dem Regency-Kaminsims sind Bücher, Zeitschriften, Plattencover und andere symbolträchtige Objets trouvés arrangiert: Ein Luftschutzbunkerschild, ein »Time«-Magazin mit Lyndon Johnson auf dem Titelblatt; LPs von Lotte Lenya, Robert Johnson, Eric Von Schmidt, The Impressions und von Dylan selbst; eine Glascollage mit

einem traurigen Clownsgesicht, die er als Geschenk für den Inhaber des Café Espresso angefertigt hatte. Kramer hatte die Szene mit einem Spezialobjektiv aufgenommen, so daß ein Fish-Eye-Effekt ohne perspektivische Verzerrung entstand, der dem Bild etwas Halluzinatorisches gab. Das Signal an den Käufer war eindeutig: Hier bekommst du Träume und Visionen geliefert.

Bis zur Auslieferung der Platte war Dylan unterwegs. Zuerst gab er mit Joan Baez ein paar Konzerte in Amerika (es waren die letzten gemeinsamen Auftritte). Im März kam *Bringing It All Back Home* heraus und stieg in die amerikanischen Top Ten auf. Ein paar Wochen später erschien *Subterranean Homesick Blues* als 45er Single, und Verse wie »Don't follow leaders/Watch

Nach dem jungenhaft unschuldigen Gammler der frühen LP-Covers hier das vertrackt dekadente Portrait Dylans, das der Fotograf Daniel Kramer für *Bringing It All Back Home* produzierte: Damit konnte er zwar leicht mit der arroganten Selbstgefälligkeit von Konkurrenten wie den Rolling Stones mithalten, aber für einige seiner alten Fans war dies ein ausgesprochener Schock. Die Frau ist Sally Grossman, die Frau seines Managers.

*Gegenüberliegende Seite:*
Joan Baez kam zwar mit ihm
nach England, aber zu ihrer
Überraschung wurde sie nicht auf
die Bühne gebeten – ja, die beiden
neuen Freunde Dylan und der
singende Maler Bobby Neuwirth
ekelten sie geradezu aus der
Garderobe hinaus. »Ich hab' zwar
mit ihr geschlafen«, sagte er
später, »aber ich glaube nicht,
dass ich ihr etwas schuldig bin.«

Dylanmania: Als er am 27. April
1965 in Heathrow für eine kurze
England-Tournee eintraf, befand
sich die hysterische
Begeisterungsfähigkeit der
»Swinging Sixties« auf dem
Höhepunkt.

the parking meters« und »You don't need a weatherman/To know which way the wind blows« konnte man in der Sendung Top 40 im Radio hören – allerdings nur kurz, denn die Platte kam über Platz 39 nicht hinaus.

Am 26. April verließ Dylan New York und ging auf kurze Tournee nach England, wo das Pop-Fieber dem Höhepunkt zustrebte. Großbritannien ist eine kleine Insel, auf der sich Neuigkeiten schnell herumsprechen, Trends rasch ausbreiten und die Gunst des Publikums nur von kurzer Dauer ist. Anfang 1965 lag Swinging London hoch im Kurs, die Suche nach Neuem beschäftigte die ganze Nation, und die Nachrichtenredakteure der Tageszeitungen hatten den Auftrag, die neue Jugendkultur in ihren Feuilleton-Seiten zu beschreiben. Normalerweise waren Reporter mittleren Alters unterwegs, deren Verständnis für die Popszene

sich darin äußerte, daß sie fassungslos den halbstarken Nachwuchs und dessen Hang zu freier Liebe, weichen Drogen und neuer schriller Mode aus der Carnaby Street beobachteten. Für sie klang Dylan wie eine schlechte Kopie: Sie hatten hier einen Popsänger vor sich, der nicht so dufte wie die Beatles war, dessen Songs auf eine unverhüllte Verurteilung des gesellschaftlichen und politischen Systems hinausliefen – und der gleichwohl eine merkwürdige Macht über ihre fünfzehnjährigen Töchter hatte. In ihrer Schlagzeilensprache spiegelte sich das so wider, er sei lediglich das Pendant zu Marlon Brando in *Der Wilde.*

Das Echo der Medien ist in *Don't Look Back* festgehalten, einem neunzig Minuten langen Dokumentarfilm über diese Tournee, den D.A. Pennebaker, ein von Sara Lowndes empfohlener junger Regisseur, für Dylan und Grossman drehte. In diesem ungewöhnlichen Cinéma-vérité-Streifen bekommt fast jeder sein Fett weg: der hinterhältige Grossman, der bei den Verhandlungen mit den Fernsehanstalten seine schmutzigen Spielchen treibt und sich unglaublich brutal gegenüber einem Hotelpagen benimmt; oder Bobby Neuwirth, Dylans Kumpel, der hinter seiner dunklen Sonnenbrille à la Dylan niederträchtig grinst; oder Joan Baez, die einfach nicht merkt, daß ihre Beziehung zu Dylan längst das Verfalldatum überschritten hat – im Gegensatz zum Zuschauer, der das an Dylans totaler Gleichgültigkeit ihr gegenüber erkennt (er albert lieber mit Neuwirth herum), oder auch zu Penne-

Die englische Sängerin
Dana Gillespie gehörte zu den
Künstlern, mit denen er während
der Tournee von 1965 zusammen
war.

baker, der sie zum letztenmal beim Verlassen von Dylans Garderobe aufnimmt, als er die Tür hinter ihr zumacht; oder Alan Price, der Organist der Animals, der sturzbetrunken hinter der Bühne Wodka und Orangensaft aus mehreren Flaschen in sich hineinschüttet; oder der selbstgefällige, schlaffe Donovan – und eben besonders auch die gesamte britische Presse: Da ist der abgebrühte Reporter zu sehen, der ihn am Flughafen mit der bissigen Frage empfängt: »Wie lange ist es her, seit Sie zum letztenmal hier waren?« – aber auch der junge Mann von einer Studentenzeitung, der den ungeschickten Versuch unternimmt, ihn in eine Unterhaltung über den Sinn des Lebens zu verwikkeln, und böse vorgeführt wird.

Man hatte Dylan damals schon mit so vielen dummen Fragen genervt, daß er inzwischen jedes Interview mit Schlagfertigkeit beherrschte. Wer ihn erlebte, wie er mit seinen Interviewern umging – den Naiven, den Aggressiven wie den Schleimigen –, mußte den Eindruck gewinnen, als würde er dem Geplänkel zwischen einem brillanten Säbelfechter und einem Mann beiwohnen, der – die Augen verbunden – mit Boxhandschuhen herumfuchtelt.

Dylan, der immer nur mit halbem Ohr hinhörte, landete bei den Reportern Treffer, wo und wann er wollte, und zwar so flink, daß sie es erst mitbekamen, wenn sie schon wieder draußen waren. Um so mehr mochte er die nichtprofessionellen Menschen: eine schnatternde Schar von Schulmädchen aus Liverpool, die ihn anhimmelten und sein Autogramm haben wollten, vier junge Beatmusiker, die ihm ehrlich ihren Respekt erwiesen, selbst die übersprudelnde Gattin des High Sheriffs von Newcastle, deren halbwüchsige Söhne sich peinlich berührt im Hintergrund herumdrückten. Den Bob Dylan in *Don't Look Back* mußte man einfach als menschliches Wesen mögen, wenn man sich den unglaublichen Druck ausmalen konnte, dem seine Geduld und seine Phantasie täglich durch die Presse ausgesetzt waren. Stellen Sie sich doch einmal vor, Sie wären Bob Dylan in einer Welt, in der jeder Fremde seine eigene Vorstellung davon zu haben scheint, wer Bob Dylan ist.

Vielleicht läßt sich seine Angespanntheit in diesem Film dadurch erklären, daß der Bob Dylan, der am 30. April 1965 die Bühne der City Hall von Sheffield zum ersten Konzert der Tournee betritt, nichts mehr mit dem Bob Dylan zu tun hatte, der am 14. Januar im Studio A der Columbia seine Aufnahmen gemacht hatte. Er mußte eine Tournee absolvieren, die im Jahr zuvor festgelegt worden war, und hatte es hier mit einem Publikum zu tun, das um jeden Preis *The Times They Are A-Changin'* (das erst vor einem Monat in den britischen Single-Charts gewesen war) und *Blowin' in the Wind* hören wollte – und das bedeutete, daß er sich in jemanden zurückverwandeln mußte, der er nicht mehr sein wollte. Sein Programm war gemischt: Die älteren Songs, vor allem *Times They Are A-Changin'* riß er flüchtig herunter, während die neueren, besonders *It's Alright, Ma* und *Gates of Eden,* ihm ganz offensichtlich wichtiger waren. Die Atmosphäre gedämpfter Verehrung besserte seine Stimmung vermutlich auch nicht. Als er die Bühne betrat, bekam er ebenso heftigen Applaus wie am Ende eines jeden Songs; doch während er seine Mundharmonikas austauschte oder einen Schluck Wasser aus dem Glas auf seinem erhöhten Hocker trank, herrschte verzückte Stille im Publikum, das jede Bewegung und jeden Atemzug dieser jungen Legende gespannt verfolgte. Und sobald er versuchte, zwischen den Songs ein Witzchen zu machen, kam nur nervöses Gekicher an seine Ohren. Es muß ihn jedenfalls ganz schön genervt haben, sonst hätte er sich sicher nicht gewünscht, mit ihm noch ein paar andere Musiker auf der Bühne zu haben, die zumindest ein bißchen von ihm hätten ablenken können.

Anders jedoch das erste Konzert in der Royal Albert Hall: Der Film zeigt sehr schön, wie befangen Dylan da war – sowohl wegen des Veranstaltungsorts (immerhin das englische Pendant zur Carnegie Hall) als auch wegen des Publikums, das aus der gesamten Crème de la crème von Swinging London bestand. Die Bedeutung dieses Ereignisses war ihm damals ebenso bewußt wie uns heute. Als er anschließend – nach Luft ringend – die Treppe zur Garderobe hinunterstieg, hallten die Wogen des Applaus immer noch hinter ihm her. »Eigentlich«, sagte er zu Neuwirth und suchte nach einer geringschätzigen, rotzigen Formulierung, hinter

der er sich verschanzen konnte, »eigentlich ist Beifall etwas Beschissenes...« Und einen Augenblick später, als er sich wieder gefangen hatte: »Ich hab' das Gefühl, Mann, ich hab' da was hinter mir... das war schon was.«

Nur ein- oder zweimal war in *Don't Look Back* der Bob Dylan zu sehen, der er wirklich sein wollte, vor allem wenn er allein am Klavier in der Garderobe saß und eine Akkordfolge probierte, die wie eine Variation einer der gefeiertsten Formeln des Rock 'n' Roll klang: die I-IV-V-Sequenz – die Grundstimmung für Ritchie Valens' *La Bamba, Twist and Shout* von den Isley Brothers und *Louie Louie* von den Kingsmen. Als er nach Amerika zurückkehrte, konnte er diesen kleinen Dreiklang in einen Song umsetzen, der mehr als jeder andere die Wandlung verdeutlichte, die er gerade durchlebte.

Zunächst bekam er einen weiteren Anstoß, als in den US-Single-Charts *Mr. Tambourine Man* auftauchte, die erste Aufnahme eines Quintetts aus Los Angeles, das sich The Byrds nannte – junge Folkmusiker, die die Beatles gehört, sich bei einem Verleger eine Bandkopie von *Bringing It All Back Home* besorgt hatten und auf die geniale Idee gekommen waren, ausgerechnet von einem der längsten und kompliziertesten Songs der Platte eine Rock 'n' Roll-Version zu machen. Die silbrigen Arpeggios von Jim McGuinns zwölfsaitiger Elektrogitarre waren der Schlüssel zum Erfolg: Sie griffen das »jingle-jangle morning« des Refrains auf und brachten die

Die Tournee wurde in D.A.Pennebakers Film *Don't Look Back* verewigt, einem absolut ungeschminkten Portrait des Lebens hinter den Kulissen, das für fast alle Betroffenen ziemlich peinlich war – nicht zuletzt auch für Alan Price von den Animals, der am Klavier und an einer Flasche Wodka Halt suchte.

MICHAEL OCHS ARCHIVES

ALS DIE BYRDS MIT IHRER VERSION VON *MR. TAMBOURINE MAN* AN DIE SPITZE DER CHARTS STÜRMTEN, WAR DER ELEKTRISCHE FOLK-ROCK DER MASSGEBENDE SOUND DES JAHRES 1965. HIER TRITT DYLAN MIT IHNEN ALS GAST IM CIRO'S AUF, JENEM LEGENDÄREN NACHTCLUB HOLLYWOODS, IN DEM DIE BYRDS SEINERZEIT ENGAGIERT WAREN.

Techniken der Folkgitarre in eine Welt ein, in der sich 1965 das Publikum der Popmusik heimisch fühlte. In knapp zweieinviertel Minuten konnten sie natürlich nur einen Bruchteil von Dylans substantieller Originalversion bringen. Aber das starke Arrangement und insbesondere der bis in die Unendlichkeit nachwehende Klang der Gitarre beim Ausblenden verliehen dem Song eine ganz neue epische Größe. In diesen zweieinviertel Minuten war den Byrds gelungen, was Dylan noch versagt geblieben war: Sie hatten den Folk-Rock erfunden.

Es war eine Ironie des Schicksals, daß auch der Produzent der Byrds – wie der von Dylan – auf dem Einsatz von Session-Musikern bestanden hatte, um den Sound zu bekommen, den sie haben wollten. Aber die von Terry Melcher in Los Angeles ausgesuchten Musiker (Leon

Russell als Rhythmusgitarrist und Pianist, Larry Knechtel als Baßgitarrist und Hal Blaine am Schlagzeug) waren jünger als Dylans New Yorker Musiker – und verrückter. Sie waren es gewöhnt, mit Leuten wie Phil Spector zusammenzuarbeiten, der einen jungen Sound kreieren wollte, einen Sound, den es bis dahin noch nicht gegeben hatte. Sie brauchten sich nicht an irgendwelche Regeln zu halten. Diese Lektion nahm sich Dylan zu Herzen, als er mit den Byrds im Ciro's (dem Club am Sunset Boulevard, wo sie entdeckt worden waren) spielte, zumal es nach diesem Erfolg bald eine Reihe weiterer Kopien gab. Die Turtles nahmen *It Ain't Me, Babe* auf, Manfred Mann landete in England einen Hit mit *If You Gotta Go, Go Now,* Cher brachte mit den Byrds und Spector zusammen eine Version von *All I Really Want to Do* heraus, und die verschmähte Baez selbst sang *It's All over Now, Baby Blue* – einen Song, der teilweise vielleicht durch das Ende ihrer Affäre inspiriert worden war. Andere versuchten ihre eigenen Bob-Dylan-Songs zu schreiben, zum Beispiel Sonny Bono *Laugh at Me,* Buffy Sainte-Marie *The Universal Soldier* und natürlich Donovan mit *Catch the Wind.* Und in Hollywood drückte der clevere junge Verleger Lou Adler seinem festangestellten Songschreiber P.F. Sloan eine Akustikgitarre und eine Bob-Dylan-Mütze in die Hand, sperrte ihn übers Wochenende in ein Hotelzimmer und bekam am Montagmorgen eine Handvoll fertiger Folk-Rock-Protestsongs, unter anderem das völlig überdrehte *Eve of*

*Destruction* – das weltweit die Nummer eins wurde, gesungen von einem Ex-New Christy Minstrel namens Barry McGuire – und *Sins of the Family,* das sich freilich nicht vergleichbar förderlich für Sloans eigene Sängerkarriere auswirkte. Im Juni 1965, als die Byrds unaufhaltsam zur Nummer Eins in den amerikanischen und britischen Single-Charts aufstiegen, kehrte Dylan in die Columbia-Studios zurück. Dort geschah am 15. Juni etwas Ungewöhnliches: Der Mann, der bis dahin für seine entspannte Einstellung gegenüber Studioaufnahmen bekannt gewesen war und normalerweise nicht mehr als zwei bis drei Takes pro Songs benötigt hatte, verbrachte eine ganze Session mit einem einzigen Stück.

Keimzelle dieses Songs war die kleine Akkordfolge, die er in England in seiner Garderobe auf dem Klavier probiert und in einer Hütte in Woodstock fertiggestellt hatte, die er mit Sara Lowndes teilte – einer Frau, die trotz anderer Liebeleien eine wichtige Rolle in seinem Leben zu spielen begann. Dieser Song bestand aus vier Strophen und einem grandiosen Refrain. *Like a Rolling Stone* war sein Titel, und zunächst waren sich Dylan und Wilson nicht klar darüber, wie sie ihn aufnehmen sollten.

Von den Begleitmusikern der vorhergehenden Aufnahmesitzung waren nur noch Bobby Gregg und Paul Griffin übriggeblieben. Harvey Brooks war der neue Baßgitarrist. Dazu kamen noch zwei junge Männer an diesem Tag ins Studio, einer war Mike Bloomfield, ein zwanzigjähriges Wunderkind aus Chicago, Leadgitarrist bei der Paul Butterfield Blues Band. Dylan hatte Bloomfield vor zwei Jahren in einem Club in Chicago kennengelernt; inzwischen hatte er ihn in Bestform bei Butterfield spielen gehört, und dessen Philosophie »Zurück zu den Wurzeln« war auf der ersten, Anfang des Jahres für Elektra in New York aufgenommenen LP der Band klar zum Ausdruck gekommen. Bloomfields Idole waren Musiker wie Buddy Guy und Albert King, und er hatte keine Hemmungen, mit seiner ganzen Bluesrock-Power auf Dylans Songs abzufahren. Der zweite junge Musiker war Al Kooper, ein einundzwanzigjähriger New Yorker, der seit seinem fünfzehnten Lebensjahr bei verschiedenen Bands gespielt und *This Diamond Ring* geschrieben hatte, einen Singletitel, mit dem Gary Lewis and the Playboys im Januar des Jahres einen Hit gelandet hatten. Kooper, der Gitarre und Klavier spielte, war von Tom Wilson eingeladen worden, aber als die Session begann, war nicht ganz klar, welche Funktion er eigentlich übernehmen sollte.

Dylan hatte – wie er sagte – den Text von *Like a Rolling Stone* ursprünglich auf zehn Seiten »ausgekotzt«. Dann habe er aus ihm die perfekte Form herausdestilliert. Der Song war ohne Vorbild, sein beißender Sarkasmus galt einem Mädchen, hinter dem sich teilweise vielleicht die arme reiche kleine Edie Sedgwick verbarg. Er galt nicht mehr in erster Linie seinen Nebenfiguren – einem wahren Pandämonium à la Fellini: dem

geheimnisvollen Tramp, den Clowns und Jongleuren, dem Diplomaten, dem Lumpennapoleon –, sondern er ordnete diese streng seiner persönlichen Intention unter.

Dylan begann am Klavier, spielte anfangs eine Version des Songs im Walzertakt, dann fiel Bloomfield zögernd ein, während die anderen bloß zuhörten, um die musikalische Grundstruktur zu verstehen. Und allmählich nahm diese

Gestalt an: Gregg und Brooks glitten vom anfänglich holpernden Taumelrhythmus in einen ruhigen, majestätischen 4/4-Takt über, Griffin steuerte Kneipenjazzfüllsel bei, und Bloomfield scheute auch nicht davor zurück, das Ganze mit hinreißend gekonnten Klischeeverzierungen zu überzuckern. Dann hatte Dylan am Ende eine geniale Idee. Er wollte das Klavier von einer Orgel begleiten lassen. Al Kooper, der

AB MITTE 1965 schrieb Dylan immer mehr Songs am Klavier. *LIKE A ROLLING STONE* war zunächst nichts weiter als eine Variation des einfachen Akkordschemas von *LA BAMBA* und *LOUIE LOUIE*, wurde dann ein ansprechendes Menuett und war am Ende – nach der Aufnahme am 15. Juni 1965 im Studio A der Columbia – ein ausgesprochenes Meisterwerk.

bei den ersten Probeläufen tatenlos herumgehockt hatte, wurde von Wilson verdonnert, diesen Part zu übernehmen. Er hatte noch nie Orgel gespielt, aber die Hammond B3 des Studios war auf den von ihnen gewünschten Sound abgestimmt, und so begann Kooper damit, eine einfache Tonfolge zu spielen – tippte bloß ein paar simple Akkorde im oberen Register an, wobei der rotierende Leslie-Lautsprecher die Töne zitternd in der Luft hängen ließ. Auf einmal hörte Dylan genau das, was er sich vorgestellt hatte. Er unterbrach den Take und bat Wilson, die Orgel aufzudrehen. Und der nächste Take war es dann auch schon. Nach Greggs Eröffnungstrommelwirbel war als erstes der erschauernde, silbrige Klang von Koopers Orgelspiel zu hören.

Mit sechseinviertel Minuten war *Like a Rolling Stone* doppelt so lang, wie Popsingles normalerweise sein sollten – doch in diesem Song war keine Note zuviel. Heute hört sich das ganze einfach an: nur sieben Instrumente, die in einem Studio live und ohne alle Mätzchen aufgenommen wurden. Aber als man das Stück zum erstenmal hörte, beeindruckte es gerade durch seine massive Wirkung – es schien wie eine großartige barocke Klang-Kathedrale zu sein, ein musikalisches Riesengebilde, das mit allen möglichen exotischen Zierrat behangen war. Einen Monat später war es in den Plattenläden und im Radio zu hören und verkündete eine musikhistorische Botschaft: Bob Dylan hatte endlich herausge-

funden, wie seine Musik klingen sollte. Es wurde seine erste Single, von der über eine Million Stück verkauft wurden, und inspirierte seine Zeitgenossen dazu, die Möglichkeiten der kleinen 45er Scheibe noch mehr auszureizen. *Good Vibrations* von den Beach Boys, *Strawberry Fields Forever* von den Beatles und *Reach Out, I'll Be There* von den Four Tops hätte es nie gegeben, wenn *Like a Rolling Stone* nicht die Grenzen des Mediums neu definiert hätte.

Es bleibt noch immer ein Rätsel, warum Dylan ausgerechnet nach dem Erfolg von *Rolling Stone* erneut den Produzenten wechselte. Jedenfalls hatte er Krach mit Tom Wilson gehabt, und dieser war durch Bob Johnston ersetzt worden, einen jungen Produzenten von CBS aus Nashville, der mit einer Reihe von Künstlern dieses Labels gearbeitet hatte, unter anderem mit Louis Armstrong und Aretha Franklin. In den darauffolgenden sechs Wochen nahm Dylan mit denselben Musikern genügend Material für eine ganze LP auf. Bloomfields wildes, jaulendes Gitarrenspiel und Koopers klagende Hammondorgel beherrschten den Sound von Songs wie *Tombstone Blues* und *From a Buick 6;* für subtilere Klangstrukturen sorgte die Mischung von Orgel und Klavier – eigentlich das Grundklangmaterial der Gospelmusik, das man aber so kaum je zuvor in der Popmusik gehört hatte. Daher besitzen die sanfteren Songs wie *Queen Jane Approximately* und *Just Like Tom Thumb's Blues* fast schon eine dekadente Üppigkeit. Der Inhalt dieser Songs trug

außerdem dazu bei, daß man sich ungewöhnlich intensiv auch mit Dylans Texten beschäftigte. *Desolation Row* (nur mit zwei Akustikgitarren und einem Kontrabaß aufgenommen) hob den Typus der surrealistischen Ballade, wie er zum erstenmal bei *Chimes of Freedom* zu hören gewesen war, auf eine neue Ebene. Das war das »Waste Land« der modernen Welt, das tief verschlüsselte Psychogramm einer Generation, das in einem einzigen süßen Pesthauch ertönte.

Wie üblich, hatte das Publikum von Dylans Konzerten ganz andere Erwartungen als die Bewunderer, die seine Platten kauften, nachdem sie diese im Radio gehört hatten. Ende Juli, als *Like a Rolling Stone* in den Charts stand und seine neue LP, *Highway 61 Revisited,* fast fertig war, trat er zum drittenmal in Folge beim Newport Folk Festival auf (wo er 1963 inoffiziell gekrönt worden war). Wieder einmal entsprach der Bob Dylan auf Daniel Kramers Coverfoto von *Highway 61,* mit seinem verschwommen urpsychedelischen Hemd und dem Triumph-Motorrad-T-Shirt, nicht dem Bob Dylan, den das Publikum von Newport zu sehen wünschte. Niemand scheint – trotz aller sorgfältigen Vorausplanung – geahnt zu haben, was passieren würde: Dylan trat mit der Paul Butterfield Blues Band auf, und dann kam es zu einem handfesten Skandal.

Daß die Butterfield Band überhaupt in Newport auftreten durfte, hatte bereits zu einem Krach in der Festivalleitung geführt, aber das war noch gar

DAS NEWPORT FESTIVAL VON 1965 STELLTE ERNEUT EINEN WENDEPUNKT DAR. ZUNÄCHST ALLERDINGS VERSUCHTE DYLAN NOCH SEIN ALTES PUBLIKUM ZUFRIEDENZUSTELLEN, INDEM ER BEI EINER WORKSHOP-SESSION AM NACHMITTAG DES 24. JULI *MR. TAMBOURINE MAN* UND *ALL I REALLY WANT TO DO* SANG.

24 STUNDEN NACH DEM WORKSHOP-AUFTRITT VERWANDELTE ER SICH IN EINEN RACHEENGEL DES ROCK 'N' ROLL: PASTELLGRÜNES, GEPUNKTETES

HEMD, ENGE SCHWARZE HOSEN, STIEFEL MIT BLOCKABSÄTZEN, RAY-BAN-SONNENBRILLE, DAS HAAR GESTYLT WIE GEFRORENER RAUCH.

nichts – gemessen an Dylans Auftreten am vorletzten Tag mit Kooper und Neuwirth. Mit ihren Puffärmelhemden und riesigen Sonnenbrillen sah das Trio aus wie eine Gruppe dandyhafter englischer Rockstars. Vermutlich hatte Dylan längst den gemeinsamen Auftritt mit der Band anstelle seines geplanten Soloauftritts beschlossen, und daher probte die Gruppe die ganze Nacht in einem der großen Herrenhäuser Newports in der Nähe des Festivalgeländes, Kooper an der Orgel und Barry Goldberg am Klavier. Am nächsten Abend war Dylans Auftritt. Schon nach wenigen Takten war die Hölle los: Der harte Elektrosound von *Maggie's Farm* riß die Traditionalisten im Publikum zu Salven von Buhrufen hin und sorgte hinter der Bühne für wüsten Streit – vor allem Alan Lomax und Pete Seeger bemühten

sich verzweifelt, jemanden zu finden, der der Band den Ton abdrehte. Als die Musiker weiterfetzten und nach *Like a Rolling Stone* eine prototypische Version von *It Takes a Lot to Laugh, It Takes a Train to Cry* spielten – mit noch nie dagewesener Energie und Lautstärke –, da mag sich Dylan wohl zum alljährlichen Talentwettbewerb vor acht Jahren an der High School von Hibbing zurückversetzt gefühlt haben, als der Schulleiter dem Hausmeister befohlen hatte, seiner kleinen Amateurband den Saft abzudrehen.

Alle, die dieses Konzert in Newport erlebten, berichteten, daß Dylan die Heftigkeit der Reaktion ziemlich mitgenommen habe und nach dem Auftritt der Band (es waren nur drei Songs und insgesamt weniger als fünfundzwanzig Minuten) bereit war, das

SELTSAM UNGEZWUNGEN PLANT ER MIT
ALBERT GROSSMAN IM KÜNSTLER-
AREAL HINTER DER BÜHNE DEN
ÜBERRASCHUNGSCOUP DES ABENDS.

NEWPORT FOLK FESTIVAL

© DAVID GAHR

ZU DYLANS BAND IN NEWPORT
GEHÖRTEN AUCH DER GITARRIST MIKE
BLOOMFIELD UND DER BASSGITARRIST
JEROME ARNOLD (BEIDE VON DER PAUL
BUTTERFIELD BLUES BAND) SOWIE AL
KOOPER AN DER ORGEL. NICHT AUF
DIESEM BILD ZU SEHEN SIND DER
PIANIST BARRY GOLDBERG UND EIN
DRITTER BUTTERFIELD-MUSIKER, DER
SCHLAGZEUGER SAMMY LAY.
ZUM ERSTENMAL TRAT DYLAN IN DER
ÖFFENTLICHKEIT NICHT MIT SEINER
AKUSTISCHEN JUMBOGITARRE AUF,
SONDERN MIT EINER SCHÄBIGEN
SCHWARZEN FENDER STRATOCASTER.

Publikum wieder zu beruhigen, indem er zwei rein akustische Stücke spielte: *It's All Over Now, Baby Blue* und *Mr. Tambourine Man.* Und mit diesen Songs verabschiedete er sich von der Folkszene, der er den Start seiner Karriere verdankte, die ihn dann aber in seiner Entfaltung behinderte.

Dylan zog wieder nach New York zurück und spuckte die letzten paar Songs für *Highway 61 Revisited* in einer knappen Woche aus; einer davon, *Ballad of a Thin Man,* wandte sich speziell an seine Kritiker. Sein spöttischer Refrain – »Something is happening here, and you don't know what it is/

Do you, Mr. Jones?« – artikulierte, was jeder verdrießliche Jugendliche empfinden mochte, der Probleme mit der Welt der Erwachsenen hatte.

Dylan schrieb außerdem noch einen Song mit dem Titel *Positively 4th Street,* der seine nächste Single wurde. Damit übertraf er sogar noch *Like a Rolling Stone* an Gehässigkeit – es war vielleicht das gemeinste Schmählied in der Geschichte des Rock 'n' Roll. Es war überhaupt nur scheinbar gegen ein Mädchen gerichtet, in Wirklichkeit aber nahm Dylan damit ein weiteres Mal Abschied von seiner alten Welt, für die die 4th Street des

Village ein Synonym war. »I wish that for just one time you could stand inside my shoes/You'd know what a drag it is to see you« lauteten die Schlußverse, die sich auf etwas bezogen, das wie eine säuregetränkte Kopie von *Like a Rolling Stone* klang. Innerhalb von nur wenigen Wochen waren die LP und die Single auf den Markt gekommen und kletterten in den Charts steil nach oben.

Zwischendurch arbeitete er an dem Roman, zu dem ihn viele Verleger gedrängt hatten, seit sie seine hypersensible biographische Poesie auf verschiedenen Plattenhüllen – *The Times They Are A-Changin', Another Side, Bringing It All Back Home, In the Wind* von Peter Paul and Mary und *In Concert Vol.2* von Joan Baez – sowie in seinen Programmhinweisen und seinen offenen Briefen an *Broadside* und ans Civil Liberties Committee kennengelernt hatten.

Seit 1963 etwa hatte er daran schon flüchtig gearbeitet, wobei er einzelne Fragmente auf Papierfetzen festgehalten hatte, weil er von Anfang an jede erzählerische Struktur verschmähte. Er hatte darüber auch mit dem Lyriker Lawrence Ferlinghetti diskutiert, dessen in San Francisco ansässiger Verlag City Lights Allen Ginsbergs Gedicht *Howl* (Das Geheul) und andere bedeutende Werke der Beatliteratur veröffentlicht hatte. Doch erst als der etablierte Verlag Macmillan 1964 ernsthaftes Interesse signalisierte, nahm das Projekt konkretere Formen an. Ursprünglich sollte das Buch neben Dylans Text auch

Fotos von Barry Feinstein enthalten, seinem alten Freund, der das Coverfoto von *The Times They Are A-Changin'* gemacht hatte und der inzwischen mit Mary Travers verheiratet war. Dann wurde daraus eine reine Textcollage aus Episoden und Meditationen, wobei sich Dylan der *cut-up*-Montagetechnik von William Burroughs bediente, die den Autor davon entband, auf erzählerische oder sonstige literarische Zusammenhänge Rücksicht nehmen zu müssen.

Grossman handelte einen Vertrag mit Macmillan aus, und Dylan arbeitete an dem Werk im Frühjahr und Sommer 1965 – in *Don't Look Back* sieht man ihn auf einer alten Schreibmaschine in seiner Hotelsuite herumhacken. Ein Arbeitstitel lautete: *Bob Dylan off the Record;* der endgültige Titel *Tarantel* geht möglicherweise auf Nietzsche zurück. Aber es gab dann doch Wichtigeres für ihn, und auch wenn ihn Reporter immer wieder nach dem Buch fragten, gab er darüber doch nur sehr zögernd und äußerst vage Auskunft.

Dylan mußte sich einfach wieder aufmachen, um sein Publikum außerhalb der Folkfestivals zu finden. Albert Grossman hatte zwei große Konzerte für ihn arrangiert: eines im Tennisstadium von Forest Hills bei New York am 28. August, das andere in der Hollywood Bowl am 3. September. Er hatte Kooper und einen neuen Baßgitarristen namens Harvey Brooks engagiert, der schon bei *Highway 61* mitgespielt hatte, aber da er niemanden von der Bloomfield Band nehmen konnte, mußte er sich anderweitig umsehen.

John Hammond jr. hatte Aufnahmen mit ein paar in Toronto ansässigen Musikern – meist Kanadiern – gemacht, die sich als Begleiter des Rockveteranen Ronnie Hawkins die Hawks genannt hatten. Mary Martin, eine von Grossmans Assistentinnen, stammte selbst aus Toronto und machte Dylan auf sie aufmerksam; er ließ den Gitarristen Jaime Robertson kommen und fragte ihn, ob er und Levon Helm, der Schlagzeuger der Band, ihn bei seinen beiden Konzerten begleiten würden.

Die neue fünfköpfige Band machte in New York ein paar Wochen lang Aufnahmen und trat dann gemeinsam in Forest Hills auf. An diesem regnerischen und windigen Abend spielte Dylan vor den rund 15 000 Zuhörern zuerst ein akustisches Set, und nach der Pause kam die ganze Band auf die Bühne. Als erstes brachten sie *Tombstone Blues*, dann *I Don't Believe You, From a Buick 6, Maggie's Farm, It Ain't Me, Babe, Ballad of a Thin Man* und *Like a Rolling Stone*. Dylan hatte seine neuen Begleiter schon vorgewarnt, sie müßten damit rechnen, daß es unruhig würde – »Spielt weiter, und wenn der Teufel los ist« –, aber selbst ihn brachte das, was dann geschah, völlig aus der Fassung. Das Publikum hätte genausogut direkt aus Newport kommen können – es buhte von Anfang bis Ende. Anschließend sagte Kooper traurig: »Sie haben in Forest Hills gebuht, weil sie in den Zeitungen gelesen hatten, daß man das von ihnen erwartet.«

Das mag zwar für Dylan deprimierend gewesen sein, aber es warf ihn nicht um. Ein

paar Tage später wurde ihm sogar wieder Mut gemacht, als das Publikum in der Hollywood-Bowl etwas dankbarer reagierte und eine Zugabe verlangte. Auf jeden Fall war seine große Tournee, die Ende August in Texas beginnen sollte, schon arrangiert, als Kooper ausstieg und dabei sogar eine Konventionalstrafe in Kauf nahm, weil er nicht vor diesen »stiernackigen Typen« spielen wollte. Robertson und Helm nützten die Gelegenheit und überredeten Dylan, auch die übrigen Hawks zu engagieren. Damit schied auch Harvey Brooks aus, und nun verstärkten der Baßgitarrist Rick Danko, der Organist Garth Hudson und der Pianist Richard Manuel die Band. Die Proben fanden in Toronto statt, wo die Hawks in einem Club spielten, und alles lief sehr gut.

Die Hawks waren ausgesprochene Rock 'n' Roll-Handwerker und anfangs recht mißtrauisch gegenüber dem jungen Folkmusiker, dessen Musik sie noch nie gehört hatten, bevor sie zusammenspielten. »Das ist so eine Schrumm-Schrumm-Musik«, sagte Robbie Robertson im Hinblick auf seine Eindrücke von Folkmusik, »und wir spielten nicht mit Schrumm-Schrumm-Musikern.« Die Hawks waren Musiker, die ihre musikalischen Maßstäbe in zahllosen amerikanischen Bumslokalen gebildet und vor den schlimmsten Rüpeln Rhythm and Blues gespielt hatten. Von Bob Dylans Musik hatten sie keinen blassen Schimmer – für sie gab es nur Chuck Berry und Bo Diddley. Aber sie waren jung und intelligent und brauchten nicht

FÜR DAS UMSCHLAGFOTO SEINES ROMANS *TARANTEL* VERSUCHTEN DYLAN UND DANIEL KRAMER NOCH EINMAL DIE STIMMUNG DES COVERS VON *BRINGING IT ALL BACK HOME* ZU BELEBEN, SARA LOWNDES TRAT HIER AN DIE STELLE VON SALLY GROSSMAN. DOCH DAS ERSCHEINEN DES ROMANS WURDE VERSCHOBEN, UND ALS ER SCHLIESSLICH 1971 HERAUSKAM, WAR EIN ANDERES BILD AUF DEM UMSCHLAG.

© 1967 DANIEL KRAMER

EINEN MONAT NACH NEWPORT TRAT
DYLAN MIT EINER NEUEN BAND –
UNTER ANDEREM MIT ROBBIE
ROBERTSON UND LEVON HELM VON
DEN HAWKS IN DER ARENA VON
FORREST HILLS BEI NEW YORK AUF,
WO 14000 MENSCHEN SEINE
ELEKTRISCH VERSTÄRKTE MUSIK MIT
SEHR GEMISCHTEN GEFÜHLEN
AUFNAHMEN. *OBEN:* HIER BESPRICHT
ER MIT AL KOOPER, IN WELCHER
TONART SIE DIE EINZELNEN SONGS
SPIELEN WERDEN – *TOMBSTONE BLUES*
IN A, *I DON'T BELIEVE YOU* IN E,
*FROM A BUICK 6* IN A, *LIKE A
ROLLING STONE* AUF DEM KLAVIER IN
C USW. RECHTS: DENKT BOB DYLAN
HIER HINTER DER BÜHNE DARAN,
WELCHEN FEUERSTURM ER GLEICH
ENTFACHEN WIRD?

lange, um auf den Trichter zu kommen. Dylan gab ihnen einfache musikalische Strukturen vor und jede Menge Freiraum, ja er entpuppte sich sogar selbst als Rock 'n' Roller. Sie überließen es ihm völlig, sich um den Text zu kümmern. Robertsons Gitarre peitschte disziplinierter gegen seine Stimme, als es Bloomfield je gelungen war; Hudson und Manuel verfügten über reichhaltigere Ausdrucksmittel und ein gemeinsames Verständnis, das alles hinter sich ließ, was Kooper und Griffin je hatten aufbieten können. Danko und Helm waren eine hervorragend aufeinander eingespielte Rhythmusgruppe, die einen harten Rhythm-and-Blues-Kick in Dylans Songs bringen konnte: zwei ganz ausgebuffte Typen, gegenüber denen sich die englische Konkurrenz wie spielende Kinder ausnahm. Nach ein paar Wochen gaben sie jeden Abend auf der Bühne eine Musik zum besten, die für viele die absolute Spitze des Rock 'n' Roll darstellte. Allerdings drückte sich das kaum in den Reaktionen des damaligen Publikums aus. Dylan hatte sich inzwischen auf ein Programm festgelegt, das regelmäßig nach einem akustischen ersten Teil im zweiten Teil einen Elektroset brachte, und fast jeden Abend gab es für diesen zweiten Teil Buhrufe, in die sich allerdings einige zögernde Bravorufe mischten.

Die Tournee ging quer durch Amerika und war Ende November an der Ostküste angelangt. Hier heiratete Dylan am 25. heimlich Sara Lowndes, bevor er wie geplant am nächsten Abend in Chicago auftrat. Aber schon ein paar Tage später kam es zu einer Scheidung: Levon Helm, den das Publikum entnervt hatte und der keinen Sinn mehr darin sah, sich für allabendliche Buhrufe bezahlen zu lassen, stieg aus und wurde zuerst durch Bobby Gregg, dann durch Sandy Konikoff und schließlich durch Mickey Jones ersetzt. Als Gregg sich eingespielt hatte, machte sich Dylan mit dem Erscheinen der ersten Aufnahme mit seiner neuen Gruppe selbst ein Hochzeitsgeschenk. Das vernichtende *Can You Please Crawl Out Your Window* hätte man auch als *Like a Rolling Stone*, Teil 3 bezeichnen können, und es hatte ganz den Anschein, als ob das Publikum allmählich diesen Stil leid war. Anders als seine Vorgänger konnte dieser Titel nicht einmal halb die Hürde der Hot 100 von *Billboard* überspringen.

Im Januar 1966, nach dem Kalifornien-Abstecher, (in Berkeley war die Bühne mit vier abstrakten Gemälden von Bobby Neuwirth dekoriert worden) kehrten die Musiker in die New Yorker Studios zurück, um die ersten Songs für eine Doppel-LP mit dem Titel *Blonde on Blonde* aufzunehmen. *One of Us Must Know (Sooner or Later)* kam nach ein paar Wochen als Single heraus; die erste Version von *Visions of Johanna*, ein düsterer innerer Monolog mit einer klageliedähnlichen Melodie, wurde erst einmal zurückgestellt. Nicht anders erging es der unvollendeten Version von *She's Your Lover Now*, die sonst vielleicht *Like a Rolling Stone*, Teil 4 geworden wäre. Zwischen den Tourneeterminen im Februar und März fuhr Bob Johnston mit

SONNY UND CHER GEHÖRTEN ZU DEN TRITTBRETTFAHRERN DES FOLK-ROCK. IHRE VERSION VON *I GOT YOU, BABE* WAR EIN GRÖSSERER HIT ALS ALLE SINGLES, DIE DYLAN SELBST EINGESPIELT HATTE.

© DON PAULSEN/MICHAEL OCHS ARCHIVES

Dylan, Robertson und Kooper hinunter nach Nashville, wo er eine Gruppe von erfahrenen Countrymusikern zusammenstellte, die sie begleiten sollten. Unter ihnen taten sich vor allem der Gitarrist Joe South hervor, der Multiinstrumentalist Charlie McCoy (der von Johnston bereits nach New York geholt worden war, um bei *Desolation Row* mitzuspielen) und der Schlagzeuger Kenny Buttrey. Und irgendwie funktionierte diese Chemie der Gegensätze: Den Countrymusikern und den jungen Folkblues-Rockern gelang eine Mischung, die auf die Stärken dieser verschiedenen Stilrichtungen zurückgriff, ohne gleichzeitig deren Klischees zu übernehmen. Der Sound war weicher und zurückhaltender als die Musik, die Dylan mit den Hawks machte, aber keineswegs weniger beeindruckkend. *Pledging My Time* war ein aus zwölf Takten bestehender Blues – aber war es ein Countryblues, ein Folkblues, ein Rockblues? Das war völlig egal: Auf jeden Fall war es ein *Blonde on Blonde*-Blues. In sechs Tagen waren dreizehn Songs fertig, die alle so gut waren, daß sie in die Doppel-LP aufgenommen werden konnten. Die Spannbreite der Songs war erstaunlich groß: vom Scherzhaften (*Rainy Day Women #12&35* mit dem berüchtigten Refrain »Everybody must get stoned!« und der Heilsarmeeposaune) über das Liebreizende (*I Want You*) bis zum Getriebenen (*Memphis Blues Again*) und bis zum Ehrfurchtsvollen (*Sad-Eyed Lady of the Lowlands*, später als Liebeslied für seine junge Frau deklariert), war alles vertreten. Es gab

AL KOOPER, DYLAN UND DOUG SAHM VOM SIR DOUGLAS QUINTET (*SHE'S ABOUT A MOVER*) IM JAHRE 1966.

gelegentlich Mißklänge und Unstimmungen, aber die Songs erzeugten und bewahrten insgesamt eine erstaunliche Stimmung. Es war ungeheuer beeindruckend, wie Dylan hier die Vielfalt seiner Ausdrucksmöglichkeiten demonstrierte. Später einmal sagte er von diesen Songs, damit sei er »dem Klang am nächsten gekommen, den ich in mir höre… Das ist dieser dünne, dieser wilde, quecksilbrige Klang. Er ist metallisch und strahlend wie Gold, mit allem, was damit assoziiert wird. Das ist mein ganz persönlicher Klang.«

Edie Sedgwick kam erst viele Wochen später dahinter, daß Bob Dylan heimlich geheiratet hatte, und da war sie bereits

seit einiger Zeit auf Dylans Wunsch in Albert Grossmans Unternehmen untergekommen. Dylan und Grossman hatten sie bei Warhol herausgeholt – was vielen Leuten in der Factory mißfallen hatte, da sie nichts Gutes ahnten.

Vor allem Warhol selbst fühlte sich von der jungen Frau böse im Stich gelassen, die er für seinen größten Superstar gehalten hatte und die in mehreren seiner frühen Filme aufgetreten war, unter anderem in *My Hustler* und in *Ciao! Manhattan*. Paul Morrissey, der Regisseur der meisten dieser Filme, berichtete später, wie Dylan 1965 damit angefangen hatte, in der Factory aufzukreuzen. Er besuchte dort Nico, eine in Deutschland geborene Sängerin, die er in Europa kennengelernt und für die er einen noch unveröffentlichten Song *(I'll Keep It with Mine)* geschrieben hatte, den diese Anfang des Jahres in England als Single herausbrachte. Edie Sedgwick trat auch als Tänzerin mit der von Warhol protegierten Gruppe Velvet Underground auf, die Dylan für das haßten, was er dem Sweet-heart der Factory angetan hatte.

Laut Morrissey habe Dylan – der sich nun abwechselnd in einem eigenen neuen Haus in Woodstock und einem Zimmer im Chelsea Hotel an der 23rd Street aufhielt – auf Edie einge-redet, sie solle doch Warhol verlassen und unbedingt zu Grossman gehen. »Sie sagte: ›Ich werde einen Film drehen, und darin soll ich neben Bobby die Hauptrolle spielen.‹ Plötz-lich hieß es, Bobby hier und Bobby da, und da merkten wir, daß sie sich in ihn verknallt hatte. Wir glaubten jedenfalls, daß er sie nur an der Nase herum führen würde...«

Morrissey berichtete weiter, wie Warhol Edie Sedgwick als erster von Dylans Hochzeit erzählt habe und wie schok-kiert Edie offenbar gewesen sei. 1971 nahm sie sich das Leben. Wenn es wirklich ein reales Vorbild für *Blonde on Blonde* gegeben hat, eine Frau, der in *Just Like a Woman* ein so gnadenloser Spiegel vorge-halten wird, dann war es diese junge Frau, deren von Drogen, Sex und Schönheit beherrschte Lebensgeschichte in einer der perfektesten Tragödien der sechziger Jahre ihr Ende fand.

Dylan verstand sich wunderbar mit den Rolling Stones, deren dandyhafter Rhythm and Blues einen starken Eindruck auf ihn machte. Hier mit Brian Jones Mitte der sechziger Jahre.

DAVID BLUE (BÜRGERLICH DAVID COHEN) WAR EINER DER FRÜHEN DYLAN-ADEPTEN IM GREENWICH VILLAGE; ER GEHÖRTE MIT BOBBY NEUWIRTH UND PHIL OCHS ZU DYLANS ENGEREM KREIS.

IM DEZEMBER 1965 GABEN DYLAN UND SEINE MUSIKER EIN KONZERT IM BERKELEY COMMUNITY THEATRE IN SAN FRANCISCO. ER UND ROBBIE ROBERTSON (GANZ LINKS) KAMEN MIT EINER GANZEN REIHE VON DICHTERN ZUSAMMEN, UNTER ANDEREM MIT MICHAEL MCCLURE, DER VON DYLAN WISSEN WOLLTE, WIE MAN EINEN HIT SCHREIBT, UND MIT ALLEN GINSBERG (GANZ RECHTS), DEN DYLAN »HEILIG« NANNTE.

Am 13. April 1966, eine Woche nachdem Dylan und Johnston die Mischpultarbeiten für *Blonde on Blonde* abgeschlossen hatten, ging die Welttournee weiter, und Australien war die nächste Station. Hier reagierten die Zeitungskritiker verstimmt auf Dylans rauschhaftes Verhalten in seinen akustischen Nummern und auf die düstere, arrogante Power der elektrisch verstärkten Musik im zweiten Teil. Die Journalisten am anderen Ende der Welt verhielten sich ihm gegenüber wie die Engländer im Jahr zuvor. Ob er, fragten sie ihn, denn ein Protestsänger sei? »Nennen Sie mir irgendwas, und dann protestiere ich dagegen«, gab er ironisch zurück. Im Laufe der nächsten beiden Monate absolvierte er mit den Hawks ein Programm von vierundzwanzig Konzerten in Australien und Europa, wobei die ständigen Interviews, die Drogen und das Wechselbad

91

zwischen frenetischem Beifall und Buhgeschrei mindestens ebenso strapazierend waren wie die Anforderungen, die die Musik an sie stellte. »Jeder Abend war wie ein totaler Zusammenbruch, wie das Ende der Welt«, erklärte Dylan zwanzig Jahre später.

Augenzeugenberichten zufolge waren Dylan und Robertson nun ein so enges Gespann, wie er es im Jahr zuvor mit Neuwirth gewesen war – sie nahmen zusammen Drogen, lachten zusammen, machten die Nächte zusammen durch und spielten und alberten herum und hielten die Welt der Normalen auf Distanz. Auch Pennebaker war mit von der Partie und filmte die ganze Tournee, aber der Streifen, der den Titel *Eat the Document* trug, wurde später von Dylan nicht genehmigt. So sind uns nur noch die Schwarzweiß-Standfotos erhalten, die uns von der halluzinatorischen Schönheit dieser nervösen, rasiermesserdünnen Gestalt mit einer Lockenkorona erzählen, die in ein seltsam unwirkliches Licht getaucht ist – bei seinen Auftritten am 30. April in Stockholm, am 24. Mai in Paris (wo Dylan an seinem fünfundzwanzigsten Geburtstag mit Françoise Hardy flirtete) und schließlich am 26. und 27. Mai in der Londoner Royal Albert Hall.

DIE KONZERTE VON 1966 BEGANNEN MIT EINEM AKUSTISCHEN PROGRAMM-TEIL, DER OFT AUCH GANZ HINREISSENDE VERSIONEN VON *DESOLATION ROW*, *VISIONS OF JOHANNA* UND *JUST LIKE A WOMAN* ENTHIELT.

*RECHTS:* VERÄRGERT ÜBER DIE FRAGEN
AUF DEN PRESSEKONFERENZEN
(»STIMMT ES, DASS SIE SICH NICHT DIE
HAARE WASCHEN ODER DIE ZÄHNE
PUTZEN?«), ERWIDERTE ER GEREIZT:
»SOLCHE FRAGEN STELLT MAN MIR IN
AMERIKA NIE… MAN HAT DREI JAHRE
LANG VERSUCHT, AUS MIR EINEN
CLOWN ZU MACHEN, JETZT GEBE ICH
EINFACH KEINE INTERVIEWS MEHR. ICH
WEISS ZWAR, DASS DAS DER JOB VON
REPORTERN IST, ABER MIT MIR KÖNNEN
SIE DAS NICHT MACHEN.«

AUF SEINEN PRESSEKONFERENZEN GAB
SICH DYLAN BEISSEND IRONISCH. »ICH
WEISS NICHT, WER ICH BIN«, SAGTE ER
ZU DEN REPORTERN IN KOPENHAGEN.
»MEINE SONNENBRILLE IST INNEN
VERSPIEGELT.«

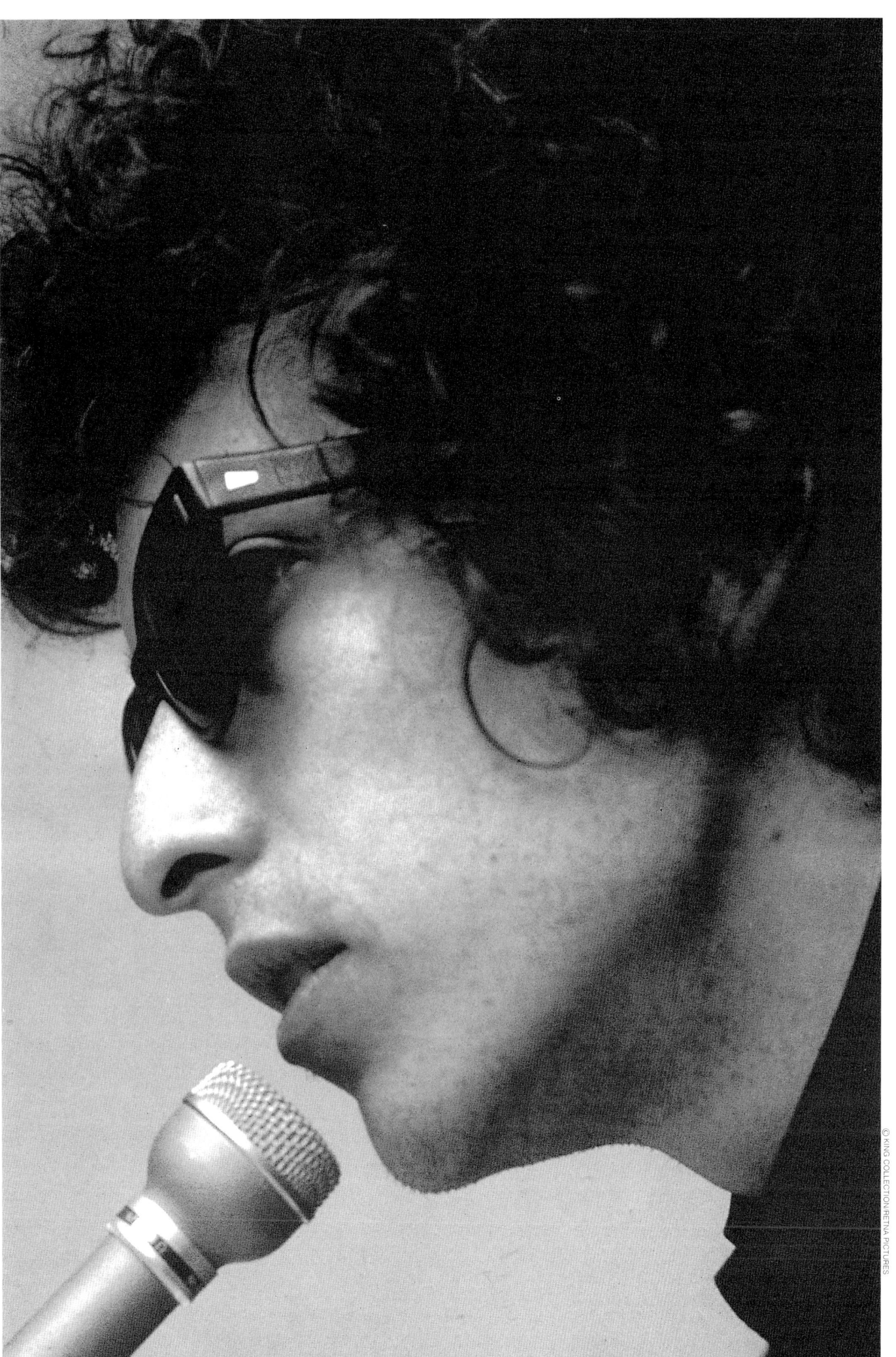

Die strahlende Erscheinung des Bob Dylan von 1966 hatte ein so unauslöschliches Bild bei vielen Leuten hinterlassen, dass sie es auch fünfundzwanzig Jahre später bei seinen Konzerten immer noch zu sehen hofften.

© JAN PERSSON

© JAN PERSSON

© JAN PERSSON

ALS ER ENDE APRIL 1966 WIEDER VON
AUSTRALIEN NACH EUROPA
ZURÜCKKEHRTE, TRAT ER AM 29. APRIL
IN STOCKHOLM AUF. AM 1. MAI
BESUCHTE ER SCHLOSS KRONBORG IN
HELSINGØR, BEVOR ER AM ABEND EIN
KONZERT IN KOPENHAGEN GAB. HIER
SIEHT MAN IHN MIT RICHARD MANUEL
UND ALBERT GROSSMAN (OBEN) SOWIE
MIT D.A.PENNEBAKER (LINKS) UND
NOCH EINMAL MIT MANUEL, WIE SIE
SICH IN EINEM HOTELZIMMER EINE
VORABPRESSUNG DES ALBUMS *BLONDE
ON BLONDE* ANHÖREN, DAS ZWEI
WOCHEN SPÄTER IN DEN USA
HERAUSKOMMT.

© JAN PERSSON

ALS MAN BOB GELDOF 1991 FRAGTE,
WAS ER BOB DYLAN ZUM FÜNFZIGSTEN
GEBURTSTAG SCHENKEN WÜRDE,
DACHTE ER AN DIE ZEIT VON VOR
FÜNFUNDZWANZIG JAHREN ZURÜCK
UND ERWIDERTE: »DAS GEPUNKTETE
HEMD...«

Die Konzerte in der Albert Hall, bei denen auch die Beatles im Publikum saßen, sind die berühmtesten dieser legendären Veranstaltung, wenn auch die Berichte darüber im Laufe der Zeit und infolge sich überschneidender illegaler Mitschnitte und Raubpressungen ein wenig verwischt sind. An einem Abend gellte ihm der Schrei »Judas!« entgegen. Mit benebelter Stimme erwiderte er wütend: »Ich glaub' dir nicht... du bist ein LÜGNER!«, und dann trieb er die Band an, *Like a Rolling Stone* so zu spielen, daß das Stück wie ein von Zorn und Amphetaminen entfachter Wirbelsturm über die Bühne fegte. Irgendwo regte sich ein müdes Klatschen, das er durch unverständliches Gemurmel ins Mikrophon übertönte, bis die Idioten Ruhe gaben. Wo passierte das alles – in London, in Manchester? Niemand weiß es mehr so genau. Eines Tages, wenn die seltsamen Erinnerungen an diese Zeit ihm nicht mehr so sehr ans Herz rühren, wird Dylan vielleicht seine Meinung ändern und die Welt *Eat the Document* sehen lassen, wird er die Columbia auffordern, die Bänder von den Konzerten auszugraben und

SEINEN FÜNFUNDZWANZIGSTEN
GEBURTSTAG (AM 24. MAI 1966)
VERLEBTE DYLAN IN PARIS. ER WAR IM
GEORGE V ABGESTIEGEN, TRAT IM
EHRWÜRDIGEN OLYMPIA AUF UND
FEIERTE MIT DER FRANZÖSISCHEN
ROCKARISTOKRATIE – JOHNNY
HALLYDAY (RECHTS) UND FRANÇOISE
HARDY (UNTEN), MIT DER ER HINTER
DER BÜHNE FLIRTETE.

REX FEATURES

PHOTOREPORTERS

PHOTOREPORTERS

AUF DER BÜHNE DES OLYMPIA MIT
ROBBIE ROBERTSON, MICKEY JONES –
UND DER AMERIKANISCHEN FLAGGE,
DIE DAS PUBLIKUM ZIEMLICH
IRRITIERTE.

© JAN PERSSON

AM ENDE DER TOURNEE WANDTE ER
SICH IN DER LONDONER ROYAL ALBERT
HALL AN SEIN PUBLIKUM: »ICH WERDE
NIE WIEDER EIN KONZERT IN ENGLAND
GEBEN. DARUM MÖCHTE ICH HIER NUR
NOCH EINES SAGEN: DER NÄCHSTE
SONG IST DAS, WAS MAN IN EUREN
ZEITUNGEN EINEN ›DROGEN-SONG‹
NENNEN WÜRDE. ICH HABE NOCH NIE
EINEN ›DROGEN-SONG‹ GESCHRIEBEN
UND WERDE AUCH NIE EINEN
SCHREIBEN. ICH WEISS GAR NICHT, WIE
DAS GEHT… DAS IST KEINE ENGLISCHE
MUSIK, DIE IHR HIER HÖRT. IHR HABT
JA NOCH NIE WIRKLICH AMERIKANISCHE
MUSIK GEHÖRT…«

*GEGENÜBERLIEGENDE SEITE:* »ICH SAGE
EUCH, DAS, WAS IHR JETZT HÖRT, SIND
EINFACH NUR SONGS. IHR HÖRT
NICHTS WEITER ALS WORTE UND
KLÄNGE. GANZ WIE'S EUCH GEFÄLLT.
WENN EUCH WAS NICHT PASST, DANN
IST DAS TOLL. ICH HAB DIE LEUTE
SATT, DIE MICH FRAGEN: ›WAS
BEDEUTET DAS?‹ ES BEDEUTET GAR
NICHTS.«

Klarheit in die ganze Angele-
genheit zu bringen. Dann wird
die größte Rock 'n' Roll-
Tournee aller Zeiten offiziell
zugänglich sein, und jeder kann
sich daran erfreuen.

Als die Tournee vorbei war,
machten Dylan und Sara in
Spanien Urlaub. *Blonde on
Blonde* kam im Mai heraus und
fand einhellige Zustimmung.
*I Want You* wurde eine ganz
ordentliche Single, die eine
Zeitlang auf dem Sprung unter
die amerikanischen Top Twenty
war. Im Juni war er wieder in
Woodstock, bearbeitete *Eat
the Document* und korrigierte

die Umbruchfahnen von
*Tarantel.* Grossman, dem natürlich die Aufnahme von *Blonde
on Blonde* in die US-Charts
gefiel, arbeitete bereits eine
noch größere Tournee aus, die
im Herbst starten sollte.

Am 29. Juli 1966 fuhr Bob
Dylan mit seinem Triumph-
Motorrad auf einer Neben-
straße bei Woodstock, wurde
von der Sonne geblendet und
stieg in panischem Schrecken
so heftig auf die Bremse, daß
die Räder blockierten, er über
den Lenker flog und auf den
Asphalt knallte. Und von Stund
an änderte sich sein Leben.

POPPERFOTO

»*Dylans*

*Abwesenheit ließ*

*den Appetit auf*

*seine Musik*

*wachsen – und*

Sara beugte sich über die bejammernswerte, barhäuptige Gestalt. Dylan hatte seine Triumph zur nahe gelegenen Werkstatt fahren wollen, und deshalb war sie ihm in einem Wagen gefolgt. Er schien schwer verletzt. Als man ihn am Middletown Hospital untersuchte, stellte man fest, daß ein paar Halswirbel angebrochen waren, er eine leichte Gehirnerschütterung sowie etliche blaue Flecken davongetragen hatte.

Zunächst einmal wurden alle Pläne auf Eis gelegt. Doch während Dylan eine Woche lang in einem Krankenhausbett lag und sich anschließend zu Hause erholte, brach seine Karriere nach und nach in sich zusammen: Als erstes setzte Grossman ein großes Konzert in Yale ab, das acht Tage nach dem Unfall hätte stattfinden sollen; dann wurde die große Herbsttournee mit sechzig Auftritten abgesagt; das Erscheinen von *Tarantel* und die Premiere von *Eat the Document* wurden verschoben. Und so erklärte Dylan später diese Entscheidungen: Eines Abends habe er in seinem Garten in Woodstock gesessen, den verletzten Nacken in einem

*GEGENÜBERLIEGENDE SEITE:* VOR DEN KAMERAS DER WELT AUF DER ISLE OF WIGHT IM AUGUST 1969.
*UNTEN:* ZU HAUSE IN WOODSTOCK.

106

Stützverband, und habe auf die hügeligen Wälder geschaut und sich gesagt: »Etwas muß anders werden.«

Als die Nachricht von seinem Unfall durchsickerte, begannen die wildesten Gerüchte zu kursieren. Und da es keine Presseerklärungen gab, wurden die Spekulationen nur noch angeheizt. Damals ließen Pop-Fans Beatles-Platten rückwärts ablaufen, um geheime Botschaften zu entschlüsseln: Alles hatte eine tiefere Bedeutung, und die tiefere Bedeutung von Bob Dylans Unfall schien, daß er tot war. Oder verkrüppelt. Oder grauenvoll entstellt. Oder ermordet. Oder, wie es die perverseste, aber beliebteste Version wollte: Es habe überhaupt keinen Unfall gegeben, sondern man habe diese Geschichte nur erfunden, damit er sich in aller Ruhe von einer »Überdosis« erholen könne – von was auch immer er da auf seiner Welttournee zuviel genommen hätte.

Natürlich bekam er auch Besuch, und einige seiner Gäste erzählten Jahre später davon: »Ich weiß, daß er nicht so krank war, wie er vorgab«, sagte beispielsweise Don Pennebaker. Allen Ginsberg, mit dem er sich im vergangenen Jahr immer mehr angefreundet hatte, brachte ihm Bücher und munterte ihn auf.

Etwas mußte anders werden: Jahre später erklärte er, er hätte mehr Zeit mit seinem kleinen Sohn Jesse verbringen wollen, er hätte alles langsamer angehen wollen, er hätte »trocken« werden müssen. Wie bei seinen Songs greift auch hier eine einzelne Erklärung zu kurz. All

diese Gründe gab es, und eine blockierte Bremse auf einer Nebenstraße am frühen Morgen hatte bewirkt, daß er sich klar darüber wurde.

Aus der Öffentlichkeit zog sich Dylan, vom Tag seines Unfalls gerechnet, achtzehn Monate zurück – Zeit genug also, die fürchterlichsten Geschichten immer üppiger ins Kraut schießen zu lassen.
Doch bereits im April 1967

war er wieder bei der Arbeit.
Robbie Robertson und die anderen Hawks waren mit Dylan in Verbindung geblieben, und am Ende des Winters zogen sie zu ihm nach Woodstock. Garth Hudson, Richard Manuel und Rick Danko mieteten ein Haus in West Saugerties, ein schlichtes einstöckiges, mit Schindeln gedecktes Gebäude aus Ytong-Steinen und scheußlichem rosa Anstrich – daher sein örtlicher

NACH SEINEM MOTORRADUNFALL SCHOCKIERTE DYLAN IMMER WIEDER SEINE FANS, DIE IN IHM DEN INBEGRIFF DES ANTIKONFORMISMUS SAHEN, AM MEISTEN VIELLEICHT DURCH DIE HINGABE, MIT DER ER DIE ROLLE ALS VATER SEINER VIER KINDER SPIELTE, DIE ER MIT SARA LOWNDES HATTE. HIER SIND JESSE, ANNA UND SAMUEL.

IN WOODSTOCK ERHOLTE ER SICH VON DEN FOLGEN DES UNFALLS UND DACHTE ÜBER SEIN BISHERIGES LEBEN NACH. DIE LÄNDLICHE RUHE INSPIRIERTE DIE SONGS AUF *THE BASEMENT TAPES* UND *JOHN WESLEY HARDING*, UND DIESE WIEDERUM BLIEBEN NICHT OHNE WIRKUNG AUF MUSIKER IN ALLER WELT.

Spitzname »Big Pink«. Robertson hatte sich ganz in der Nähe einquartiert.

Und als der Frühling kam, begannen sie miteinander zu arbeiten. Dylan hatte neue Kraft geschöpft und schrieb wieder. Die Musiker bauten ihre Instrumente im Keller von »Big Pink« auf, und Hudson installierte dort eine simple Tonanlage mit zwei oder drei Mikrophonen. An Nachmittagen begannen sie, Musik zu machen. Und allmählich dämmerte es ihnen, daß dies eine ganz andere Musik war als die von Schmerzen gepeinigte, vom Amphetaminrausch hochgeputschte Musik, die sie zwölf Monate zuvor gespielt hatten. Fern des Großstadtlebens, ohne endlose Reisen, ohne die unaufhörliche Neugier von Fremden, ohne die Notwendigkeit, einen Schutzwall errichten zu müssen, war auf einmal alles ganz anders geworden.

Die vier Kanadier trugen offenbar erheblich zu dieser Veränderung bei. Sie besaßen eine so einzigartige Selbstdisziplin und unbegrenzte Phantasie, daß alles möglich schien. Sie konnten die Instrumente wechseln – Hudson spielte auch Tenorsaxophon, Manuel Schlagzeug, Danko Mandoline –, und das mit einer Leichtigkeit und inneren Freiheit, daß das Musizieren wieder Spaß machte und nicht länger eine Art qualvoller Hochleistungssport war. Alle (außer Hudson) konnten singen, und jeder hatte seinen eigenen unverwechselbaren Sound, so daß sie miteinander auf eine anrührend rauhe Art harmonierten, eher einem schwarzen Gospelquartett ähnlich als einer weißen Popgruppe. Ihr

gemeinsamer Sound hatte so etwas wie eine üppige Patina der Reife angenommen und unterschied sich fundamental von der im Neonschimmer dargebotenen Musik vor Dylans Unfall. Sie hatten eine wichtige Wende vollzogen: weg von der Moderne und zurück zu einer historischen Perspektive, die Dylan aufgegeben hatte, um das Rennen mit den rasch sich entwickelnden englischen Pop-Gruppen aufzunehmen.

Robertson ermutigte Dylan dazu, einen schlichteren, geradlinigeren Stil zu schreiben. Er spielte ihm Curtis Mayfields liebliche Soul-Balladen vor und getraute sich, dem Autor von *Desolation Row* zu empfehlen: »Wie wär's, wenn die Abteilung Wort ein bißchen kürzertreten würde?« Zwischen April und Oktober schrieb Dylan offenbar mehr als dreißig Songs, viele davon in diesem selbstgebastelten Kellerstudio, wobei er Worte entsprechend den Akkorden und rhythmischen Mustern der Rhythmusgruppe hinzufügte oder strich. Nur zwei- oder dreimal deutete sich hier eine Intensität an, die die Produktion von *Highway 61 Revisited* und *Blonde on Blonde* geprägt hatte. Dylans Texte schwankten nun zwischen Verspieltheit und Absurdität, und aus der einstigen Galerie alptraumhafter Grotesken entstiegen nun die nur leicht verzerrten Gestalten aus der Kneipe von nebenan. Stücke wie *Yea Heavy and a Bottle of Bread* und *Quinn the Eskimo* waren vielleicht sogar nur eine Art Selbstparodie. Es gab jetzt auch ein paar nichtssagend hübsche Songs wie zum Beispiel das ländlich

beschwingte *You Ain't Goin' Nowhere.* Ausnahmen in dieser generell gutgelaunten Schaffensphase waren das würdige und zugleich schmerzliche *Tears of Rage,* das er gemeinsam mit Richard Manuel verfaßte, das bedrohlich apokalyptische *This Wheel's on Fire,* das er mit Hilfe von Rick Danko und auf der Grundlage der Offenbarung des Johannes schrieb, sowie das liebliche *I Shall Be Released,* das Gebet eines jeden unschuldig Gefangenen, ob in realen oder metaphorischen Ketten.

In diesem Sommer war auch Levon Helm eine Zeitlang bei der Gruppe, und im Herbst waren alle voller Pläne für neue Aufnahmen – nicht gemeinsam allerdings würden sie von dem Material, das sie sich täglich erarbeiteten, Gebrauch machen, sondern jeder einzeln. Aus den Hawks war inzwischen The Band geworden, und allein schon dieser Name spiegelte ihre unvermittelt erlangte überragende Bedeutung unter den zeitgenössischen Rockgruppen wieder. Sie waren aus dem Nichts zu den bevorzugten Begleitern des charismatischsten Rockmusikers aufgestiegen, und schon begann die Legende von ihrem phänomenalen Können zu gedeihen, nicht zuletzt gefördert von sie bewundernden Musikerkollegen. Sie schlossen einen Vertrag mit Capitol Records ab und nahmen in New York ihre erste LP – *Music from Big Pink* – mit dem Produzenten John Simon auf, der später in die Zentrale von Capitol nach Hollywood überwechselte.

Für Dylan hatte Grossman einen neuen Vertrag mit Columbia ausgehandelt: Er hatte die Plattenfirma dazu bringen können, die Tantiemen des Sängers zu verdoppeln – allerdings erst nach langem Hin und Her, wobei Dylan damit gedroht hatte, mit der Konkurrenz (MGM) abzuschließen. Nachdem der neue Vertrag unterzeichnet war, ging Dylan wieder mit Bob Johnston nach Nashville, wo sie mit *Blonde on Blonde* einen so triumphalen Hit gelandet hatten. Mit dem Bassisten Charlie McCoy, dem Schlagzeuger Kenny Buttrey und dem Steelgitarristen Pete Drake nahmen sie im Oktober und November bei drei Sessions in den Columbia-Studios die zwölf Songs für die nächste LP auf. Dylan, der einen unprätentiösen und ungekünstelten Titel suchte,

entschied sich spontan, die Platte nach einer seiner neuen Außenseiterballaden zu benennen, die sich mit einer realen Gestalt befaßte: *John Wesley Harding.*

Nachdem jeder seinen Soloverpflichtungen nachgekommen war, traten Dylan und die Band seit ihrem letzten Konzert in der Royal Albert Hall zum erstenmal wieder öffentlich zusammen auf. Am 20. Januar 1968 erschienen sie auf der Bühne der Carnegie Hall, um ihren Beitrag zum Memorial Concert für Woody Guthrie zu leisten, der im vergangenen Oktober gestorben war. Es war offenbar Dylans Idee gewesen, dieses Benefizkonzert zu veranstalten, dessen Erlös dem Kampf gegen die Krankheit

AM 20. JANUAR 1968 HATTE DYLAN IN DER CARNEGIE HALL SEINEN ERSTEN ÖFFENTLICHEN AUFTRITT NACH DEM UNFALL. ALS BEITRAG ZU DIESEM WOODY-GUTHRIE-MEMORIAL SPIELTE ER MIT DER BAND DREI DER BEKANNTESTEN SONGS AUS DER ZEIT DES BARDEN DER DUST BOWL. UND AM SCHLUSS SANG DYLAN GEMEINSAM MIT PETE SEEGER, JUDY COLLINS, ARLO GUTHRIE, ODETTA, TOM PAXTON, RICHIE HAVENS UND ANDEREN *THIS TRAIN IS BOUND FOR GLORY.*

Chorea Huntington sowie der Errichtung einer Guthrie-Bibliothek zugute kommen sollte. Bei zwei aufeinanderfolgenden Konzerten des Memorials traten außer Dylan auch noch Jack Elliott, Odetta, Pete Seeger, Judy Collins, Tom Paxton, Richie Havens und Guthries Sohn Arlo auf. Dylan trug einen unauffälligen dunkelgrauen Anzug und einen schütteren Bart, mit dem er als junger Apostel in Pasolinis Film *Das erste Evangelium des Matthäus* hätte mitspielen können. Zusammen mit der Band trug er drei Guthrie-Songs vor – *I Ain't Got No Home, Dear Mrs. Roosevelt* und *The Grand Coulee Dam* –, die sich wie die Songs anhörten, die sie im vergangenen Sommer im Keller des Big Pink aufgenommen hatten. Im Publikum wimmelte es nur so von traditionsbewußten Folkfans, aber diesmal protestierten diese kaum gegen die Vortragsweise. Zum Finale sangen Dylan und die anderen Sänger gemeinsam *This Train Is Bound for Glory* und *This Land Is Your Land.*

*John Wesley Harding* und *Music from Big Pink,* die im März beziehungsweise August 1968 herauskamen, brachten erneut Bewegung in die Rock 'n' Roll-Szene. Während andere Musiker – Jimi Hendrix, The Who, Cream, Jefferson Airplane – immer lauter und wilder wurden, als sich die Auswirkungen von LSD und der Drogenphilosophien der Westküste bemerkbar machten, traten Bob Dylan und die Band in aller Öffentlichkeit für geringe Lautstärke und verzerrungsfreie Wiedergabe ein und bekundeten ihr Interesse für den natürlichen Klang der

Instrumente, ihre Achtung vor der Geschichte sowie eine Vorliebe für sprachliche Formulierungen, die sie der King James Bibel aus dem siebzehnten Jahrhundert entlehnt hatten.

Auf ihre Weise war die LP *John Wesley Harding* nicht weniger schockierend als die traumatischen Songs *Subterranean Homesick Blues* und *Like a Rolling Stone.* Statt der gewaltigen gotischen Klangkathedralen von Orgeln und Elektrogitarren aus der Zeit vor dem Unfall zelebrierten Dylan und die Band hier die Rückkehr zum reinen und einfachen Musizieren: Eine akustische Gitarre wurde von einer sanften Baßgitarre und einem unaufdringlichen Schlagzeug begleitet, ab und zu fielen die elegische Mundharmonika und die seufzende Steelgitarre zur Verzierung ein. Dylan wollte einen einfachen Sound, so wie er ihn bei dem kanadischen Sänger Gordon Lightfoot (dessen Songs von Peter, Paul and Mary aufgenommen worden waren) zusammen mit McCoy und Buttrey gehört hatte. Auch Dylans Gesang hatte sich deutlich verändert: Verglichen mit der exotischen Phrasierung und Betonung von früher klangen die zwölf neuen Songs praktisch ungebrochen. Seine Stimme war runder, weicher geworden; es war zwar unverkennbar noch die Stimme von Bob Dylan, aber aus ihr waren die vielen nuancierten Töne des Zorns gewichen und hatten einer Stimmung von gelassener Resignation Platz gemacht – selbst in Songs, in denen sich die Klage gegen Schlechtigkeit und Unrecht artikulierte wie in *Dear Landlord* und *I Pity the*

*Poor Immigrant.* Der Titelsong war eine simple Außenseiterballade. Ein einziger Blitzstrahl der Apokalypse begleitete nur von fern das angespannte *All Along the Watchtower,* während sich der Humor auf das komödiantische *Frankie Lee and Judas Priest* beschränkte, eine slapstickhafte Neuauflage von *Desolation Row.*

Auf dem Cover von *John Wesley Harding* trug Dylan die gleiche zweireihige braune Wildlederjacke wie auf dem Umschlag des Beihefts zu *Blonde on Blonde.* Doch während er 1966 wie ein hübscher Beatnik ausgesehen hatte, ähnelte er nun eher einem Hinterwäldler – noch dazu unerklärlicherweise umgeben von einem verwirrten Handwerker aus Woodstock und zwei von den Bauls of Bengal, mystischen Troubadouren, die Grossman nach Amerika geholt hatte. Dylan sah trübsinnig aus, und in Wahrheit hörte sich seine Stimme in diesen Songs der Einsamkeit und der Flucht genauso an, auch wenn ihre oberflächliche Sanftheit viele Leute zu der Annahme verleitete, seine rastlose Seele müsse nun endlich zur Ruhe gekommen sein.

*Music from Big Pink* verleugnete die Herkunft aus dem Rock 'n' Roll weniger, aber auch auf dieser LP ging es noch immer um natürliche statt um verstärkte Klänge, um Holz und Röhren statt um Kunststoff und Transistoren. Diese Aufnahme enthielt auch die drei besten Dylan-Songs der Basement-Aufnahmen: *Tears of Rage, This Wheel's on Fire* und *I Shall Be Released;* auf dem

Cover befand sich auch seine lustige, pseudonaive Zeichnung der Musiker. Aber am auffälligsten war *The Weight,* ein Song von Robbie Robertson, der mit seinen verstaubten Bildern irgendwo zwischen dem Alten Testament und dem Wilden Westen angesiedelt war und offensichtlich ein wenig den magischen Surrealismus von *Highway 61* und *Blonde on Blonde* wiederbeschwören sollte.

Mit diesen beiden LPs wurde die Richtung vieler wichtiger Musiker neu definiert – von etablierten Größen wie Eric Clapton bis zu aufstrebenden Anfängern wie Elton John. Selbst im Hochspannungslärm von Jimi Hendrix *Ladyland,* in der düsteren sexuell aufgeladenen Atmosphäre der Doors und der Gruppe Velvet Underground wie im fröhlichen Eklektizismus von *Sergeant Pepper* und im *The Beatles* Album der Beatles waren diese vergleichsweise ruhigen Stimmen nicht zu überhören.

Die Wirkung verstärkte sich noch, als die Aufnahmen der Basement-Sessions in Form von Vorabpressungen durch Dylans Verlag verbreitet wurden. Dann kamen jede Menge Cover-Versions heraus, wobei sich deren Initiatoren sicher fühlten, weil sie meinten, ihnen werde der Komponist schon keine Konkurrenz mit seinen eigenen Versionen machen.

Manfred Mann brachte seine Version von *Quinn the Eskimo* unter dem Titel *Mighty Quinn* heraus, die Byrds kamen mit *You Ain't Goin',* Peter, Paul and Mary mit *Too Much of Nothing,* während die mit Abstand bemerkenswerteste Version von der englischen Popqueen Julie Driscoll stammte: eine wirbelnde trivial-psychedelische Bearbeitung von *This Wheel's On Fire* mit Brian Augers Trinity.

Während Dylans Abwesenheit war der Appetit auf seine Musik gewachsen – und nun wurde dieser auf eine neue und

ZWISCHEN APRIL UND OKTOBER 1967 SCHRIEBEN UND REALISIERTEN DYLAN UND DIE BAND DUTZENDE VON SONGS, WOBEI SIE DIE VERSCHIEDENEN MUSIKALISCHEN FORMEN, MIT DENEN SIE GROSS GEWORDEN WAREN, AUF UNGEWÖHNLICHE WEISE NEU ARRANGIERTEN.

Im Februar 1968 nahm Dylan im Nashville-Studio der Columbia zwei Tage lang mit Johnny Cash eine Reihe von Duetten auf. Zwei dieser Duette wurden im darauffolgenden Jahr in einer Dokumentarsendung über Cash im National Educational Fernsehkanal gezeigt.

höchst unorthodoxe Weise befriedigt. Seit 1969 gab es eine ganze Industrie von Raubpressungen, sogenannten »bootlegs«, und damals fand sich auch ihr erstes Opfer. Die Basement Tapes, wie man Garth Hudsons inoffizielle Aufnahmen nannte, bildeten das Herzstück von *Great White Wonder*, einer Doppel-LP mit unveröffentlichtem Dylan-Material, darunter auch Bänder, die im Jahre 1961 in Minneapolis bei seiner Rückkehr von New York aufgenommen worden waren, sowie verschiedene

frühe Fernseh- und Radiosendungen. *GWW,* von der angeblich fast eine halbe Million Exemplare in verschiedenen Ausstattungsformen verkauft worden sind, war der Prototyp von Hunderten von Platten und Bändern, auf denen buchstäblich jede Note festgehalten war, die Dylan jemals in der Öffentlichkeit gespielt hatte – und sogar auch eine ganze Menge von dem, was er privat zum besten gegeben hatte. Es war zwar nur zu verständlich, daß er diesen »bootlegs« zunächst mit Abscheu begegnete – schließlich sollte ein Künstler in der Lage sein, seine eigene Produktion selbst herauszugeben –, aber verhindern konnte er sie nicht nur nicht, sondern rückblickend wirkte seine Ablehnung sogar eher wie Heuchelei: 1991, als seine neueste Produktion überhaupt kein großes Interesse fand, brachte er seine eigene Dreifach-CD-Kassette mit unveröffentlichtem Material ausgerechnet unter dem Titel *The Bootleg Series* heraus. Damit bestätigte er viele Zyniker, die schon zwanzig Jahre zuvor gemeint hatten, die ursprünglichen »bootlegs« seien nur eine harmlose Bedürfnisbefriedigung für die, die immer mehr von ihm hören wollten, aber vermutlich ohnehin schon jede Note besäßen, die er jemals offiziell gespielt hatte.

Fast zeitgleich mit der Veröffentlichung von *Great White Wonder* ging Dylan mit Bob Johnston wieder für eine neue Reihe von Sessions nach Tennessee. In zwei Tagen nahm er mit dem *John Wesley Harding*-Trio plus zwei weiteren Gitarristen und einem Pianisten neun von den zehn Songs auf,

die auf seiner nächsten LP, *Nashville Skyline,* erschienen. Der zehnte Song, eine Duettversion von *Girl from the North* mit Johnny Cash, wurde ein paar Tage später, während der Aufnahme einer Fernsehdokumentation geschnitten, in der sie zusammen Cash-Hits wie *I Still Miss Someone* und *Ring of Fire* sangen und von einer Gruppe begleitet wurden, zu der auch Carl Perkins gehörte, eines von Dylans alten High-School-Idolen. Cash und Dylan waren miteinander befreundet, seit sie sich 1964 beim Newport Festival kennengelernt hatten – damals hatten sie miteinander in Joan Baez' Hotelzimmer gesungen, und Cash hatte Dylan eine seiner alten Gitarren geschenkt.

Als *Nashville Skyline* im April herauskam, war *Girl from the North Country* die erste Nummer – und alle Dylan-Fans waren entsetzt über die Art und Weise, wie die beiden dieses köstliche Liebeslied verhunzt hatten: wie zwei schmuddelige alte Trunkenbolde, die vergebens nach einer hübschen jungen Bardame grapschen. Das nächste Stück war nicht viel besser: ein kurzes und anspruchsloses Country-Instrumental. Dann kam ein bißchen Schrumm-Schrumm-Musik, und plötzlich hörte man Dylans Stimme fragen: »Läuft's schon, Bob?« (womit er das Aufnahmeband meinte), und dann begann ein unsäglicher Nashville-Schmachtfetzen unter dem Titel *To Be Alone with You.*

Am meisten schockierte die Fans Dylans Stimme. Alles Rauhe, Kantige war verschwunden, und Vergleichbares schien auch für seinen Verstand zu gelten. Was bei

*John Wesley Harding* interessanterweise noch als eine neue Schlichtheit verstanden werden konnte, war hier einfach zu Schmalz verkommen. Offenbar wollte er hier eine Stimme finden, die zu Versen wie »One more night/The moon is shining bright« genau paßte, ohne ihr einen modifizierenden oder kontrastierenden Ton beizugeben.

Die LP ging jedoch nicht völlig daneben. *I Threw It All Away* und *Tonight I'll Be Staying Here with You* waren authentische, bewegende Country-Balladen, sorgfältig im klassisch-konservativen Nashville-Stil arrangiert. *Lay Lady Lay,* ursprünglich für den Film *Asphalt-Cowboy* geschrieben, aber zu spät abgeliefert (dafür entschied man sich für *Everybody's Talking* von Fred Neil, einem alten Kumpel aus dem Village), hatte die interessanteste Klangstruktur – eine üppige, schwebende Mischung von Orgel und Steelgitarre. Um so entbehrlicher waren *Country Pie, Peggy Day* und *One More Night.*

Aber warum sollte Bob Dylan nicht einmal wie ein Trucker bei einem Dienstagabend-Talentwettbewerb in einem unbedeutenden Nest irgendwo in Arkansas singen dürfen? Da sein Leben von 1962 bis 1966 einer derartigen Hochspannung ausgesetzt gewesen war, nahm es nicht wunder, daß er es auch einmal mit einer eher entspannten Ausdrucksform versuchen wollte. Vielleicht hatte er auch eine Zeitlang wirklich nichts zu sagen. Und aus der Distanz von zwanzig Jahren scheint es sowieso absurd, daß die Fans doch tatsächlich die Geduld mit ihm

verloren, nur weil er ihnen nicht den Gefallen tat, eine Handvoll Drogen zu schlucken und ständig *Positively 4th Street* zu singen. Um so bemerkenswerter war es, daß er sich gegenüber dem Magazin *Newsweek* mit der erstaunlichen Bemerkung meinte verteidigen zu müssen, ihm bedeute »die kürzeste Zeile in diesem neuen Album... mehr als einige der Songs in jedem der früheren Alben, die ich gemacht habe«. Ein Jahrzehnt später sah er die Dinge freilich schon klarer: »Bei *Nashville Skyline* mußte man zwischen den Zeilen lesen können. Damals habe ich versucht, mich an etwas festzuhalten, das mich dorthin führen sollte, wo ich glaubte sein zu müssen, aber damit kam ich auch nicht weiter.«

Doch die Legende Dylan war inzwischen so unangreifbar, daß *Nashville Skyline* in England Platz eins und in Amerika Platz drei eroberte, so daß diese LP mit *John Wesley Harding* gleichzog; *Lay Lady Lay* kam auf der ganzen Welt unter die Top Ten. Und der Legende Dylan war es auch zuzuschreiben, daß am 31. August 1969 fast eine Viertelmillion Menschen auf die Isle of Wight kamen. Dylan und die Band hatten sich entschieden, bei vielen großen Popfestivals in diesem Sommer nicht aufzutreten, nicht einmal beim allergrößten – dem von Woodstock –, das quasi vor ihrer Haustür lag. Aber den beiden einfallsreichen jungen Veranstaltern des England-Festivals war es gelungen, sie auf die Isle of Wight zu locken. Sie hatten ihnen einen professionell gemachten Werbefilm

über die Insel geschickt und ein großzügig eingerichtetes altes Landhaus in Aussicht gestellt. Auch das Honorar war ordentlich (Robert Sheltons Behauptung, man habe Dylan 20 000 Pfund plus fünfzig Prozent der Bruttoeinnahmen, 8000 Pfund für die Band und 6000 Pfund an Spesen geboten, erscheint nach damaligen Maßstäben ganz plausibel). Zum Aufwärmen sang Dylan ein paar Wochen vor der Abreise nach England bei einem kleinen Festival am Mississippi vier Songs zusammen mit der Band, wo er als »Elmer Johnson« auftrat. Seine Ankunft in England sorgte für beträchtlichen Aufruhr in den Zeitungen –

REX FEATURES

RUND 200000 MENSCHEN PILGERTEN AUF DIE ISLE OF WIGHT, UM BOB DYLANS WIEDERKEHR MITZUERLEBEN. DOCH DIE MEISTEN WAREN VON SEINEM KURZEN, ZAHMEN PROGRAMM ENTTÄUSCHT. OFFENSICHTLICH WAREN DIE NEGATIVE ERINNERUNG DES MASSENPUBLIKUMS UND DYLANS EIGENE ZWIESPÄLTIGE GEFÜHLE GEGENÜBER DEN ENGLÄNDERN EINE ZU GROSSE BELASTUNG.

erinnerte man sich doch an seine Attacken während seiner Tourneen von 1965 und 1966. Doch während der zwanzigminütigen Pressekonferenz war Dylan so schlaff wie die Stücke auf seiner jüngsten LP. Das war bereits ein gewisser Vorgeschmack auf das, was auf einem der schlimmsten Tiefpunkte der Rockgeschichte geboten werden sollte.

Dylan machte die Sache nur noch schlimmer dadurch, daß er mit über zweistündiger Verspätung auf die Bühne kam. Das richtige Timing ist unglaublich wichtig bei Open-Air-Festivals, und wenn er um 19.30 Uhr, wie vorgesehen, aufgetreten wäre, hätte er noch die Dämmerung erwischt – ein großer Vorteil, wie Elton John an einem Sommerabend sechs Jahre später zu seinem Verdruß feststellen mußte, als

das Publikum das Wembley Stadium bei seinem Auftritt verließ, nachdem die Beach Boys gerade in den Genuß dieser Spätnachmittagsschicht gekommen waren. Aber Dylan erschien nicht vor 22 Uhr, und um diese Zeit waren die Massen längst frustriert und verärgert. Ein Grund für diese Verspätung ist nie offiziell angegeben worden. (Angeblich habe er darauf bestanden, vorab und in bar bezahlt zu werden, und als einer seiner Begleiter den Grund für seine Verspätung herausfinden sollte, habe er die Tür zur Garderobe aufgemacht – und Dylan und Grossman dabei angetroffen, wie sie auf dem Boden kniend Pfundnoten aus Plastikkörben ausleerten und stapelweise abzählten.)

Die Band spielte ein kurzes Stück zum Aufwärmen, und

Zwei Tage nach der Veranstaltung auf der Isle of Wight wurden Dylan und Sara von George und Patti Harrison nach Heathrow gefahren. Bei ihrem Abflug waren keine Fans zugegen. Fast zwei Jahre sollten vergehen, bis Dylan sich wieder auf eine Bühne wagte.

schließlich tauchte Dylan gegen 22.45 Uhr auf – zum allgemeinen Erstaunen derer, die ihn noch als mageren, schwarzgekleideten Drogenengel in Erinnerung hatten, trug er einen etwas zu weiten weißen Anzug und ein pastellfarbenes Hemd mit heruntergeknöpftem Kragen. Er sang mit seiner neuen weichen, sentimentalen Stimme siebzehn Songs, die interessantesten waren die Traditionals *Wild Mountain Thyme* und *Minstrel Boy*. Er begann mit *She Belongs to Me*, endete mit *Rainy Day Women #12&35* und bot dazwischen einen kleinen Höhepunkt mit *Like a Rolling Stone*, ohne jemals freilich Robertson, Helm und die anderen auch nur halbwegs auf Touren zu bringen. Als er gegen

Mitternacht abtrat, konnte niemand, der trotz der zweistündigen Verspätung ausgeharrt hatte, so recht glauben, Dylan selbst könne von sich behaupten, seinen Job gut gemacht zu haben. Der Ansager bat um Verständnis. Die Zeitungsleute wetzten ihre Messer. Als Dylan schließlich sicher auf dem Kennedy Airport gelandet war, erklärte er den wartenden New Yorker Reportern, er wolle nie wieder nach England gehen. »Die machen dort viel zuviel Wind um Sänger«, sagte er.

Wenn man seinen später geäußerten Ansichten Glauben schenken darf, dann war er bestrebt, sich zurückzunehmen, als er Ende 1969 umzog und mit den Aufnahmen für seine neue LP begann. Mittlerweile hatte er schon einen Sohn und eine Tochter und Saras Tochter aus erster Ehe inzwischen adoptiert. Offenbar war ihm dieser ganze nationale Woodstock-Rummel verhaßt – und das Gefühl, als »Symbol« unter Druck gesetzt zu werden. »Wir mußten hier raus«, befand er. »Das war so um die Zeit des Woodstock-Festivals, dem Höhepunkt dieser ganzen beschissenen Situation. Und dieser nationale Woodstock-Rummel und alles, was damit zusammenhing, schien etwas mit mir zu tun zu haben. Wir bekamen einfach keine Luft mehr. Ich hab' mich über das Ganze sehr geärgert, und deshalb sind wir da raus.« Er brach damals gerade auch mit Grossman, so schien es ihm am besten, gleich mit der ganzen Familie wieder nach New York umzusiedeln, in ein Haus im Village. »Wenn ich so zurück-

schaue, war das wirklich der größte Blödsinn. Aber ich bekam ein Haus an der MacDougal Street angeboten, und dort hatte es mir eigentlich schon immer gefallen. Aber als wir zurückkehrten, war doch alles anders. Die Woodstock-Nation hatte auch die MacDougal Street besetzt.«

Außerdem habe er sich von seinen alten Fans zurückziehen wollen, als er wieder nach Nashville gegangen sei, um sein neues Doppel-Album mit dem Titel *Self Portrait* vorzubereiten. »Ich hab' gesagt, ich wollte, diese Leute würden mich einfach vergessen. Ich möchte was machen, was sie einfach nicht mögen, wozu sie einfach keine Beziehung haben.« Sie versuchten, es dennoch zu verstehen. Als die LP im Juni 1970 herauskam, konfrontierte Dylan sie mit Kinderliedern *(All the Tired Horses)*, stromlinienförmigen Countryballaden *(Take Me As I Am)*, exzentrischen Instrumentals *(Wigwam)*, bizarren Klassikerversionen, alten *(Blue Moon)* wie neuen *(The Boxer)*, seltsamen Picknickliedchen aus den zwanziger Jahren *(The Star of Belle Isle)* und mit praktisch wertlosen Stücken, die er auf der Isle of Wight geschrieben hatte. Aber er konnte es doch einfach nicht lassen und belohnte seine Fans mit ein paar Juwelen: dem wunderbar zarten *Let It Be Me*, dem munteren *Early Morning Rain*, einem herzzerreißendem *I Forgot More than You'll Ever Know About Love*, einem einigermaßen scharfen *Living the Blues*. Und dennoch bot auch dieses Selbstportrait nichts weiter als eine Reihe von Masken der Person Bob Dylan.

Dylan mit der zweijährigen Anna
in Woodstock, 1970.

# 5. Obdach vor dem Sturm

»Also hatte Bob Dylan doch noch nicht alle Brücken zur Vergangenheit abgebrochen.«

 Da Dylan sich nach seiner Rückkehr ins Village auch nicht wohl fühlte, hatte er eine bessere Idee: Warum sollte er nicht wieder einmal so singen und spielen, wie es die meisten Leute von Bob Dylan erwarteten? Seit er wieder in der Stadt war, waren ihm viele alte Freunde über den Weg gelaufen, und er hatte ein paar neue hinzugewonnen. Auch Al Kooper, der Held von *Like a Rolling Stone,* war da. In zwei Serien von Aufnahmesitzungen, im Frühjahr und Herbst 1970, schnitt er die Stücke, die im Oktober auf seiner neuen LP *New Morning* herauskamen. Zwar wurde Bob Johnston als Produzent genannt, doch im Grunde hatte Kooper die Sessions geleitet.

Damals erschien alles noch wie ein Wunder. Vielleicht hatte Dylan ja einige dieser Songs mit starkem Schnupfen gesungen, doch immerhin hatte er die schmalzige, sonore Stimme abgelegt, unter der alle seine Country-Aufnahmen gelitten hatten. Aus seiner Stimme war eine Menge Pathos verschwunden, und auch die Songs waren weniger aufgeblasen. Allerdings war auch nicht viel Feuer in ihnen, doch zumindest beschäftigte er sich wieder mit Allegorien und Metaphern. In *Day of the Locusts* beschreibt er, wie unbehaglich er sich bei der Entgegennahme eines Ehren-

doktors für Musik an der Princeton University fühlte – in der Laudatio wurde seine Musik als »der authentische Ausdruck des verstörten und betroffenen Bewußtseins des jungen Amerika« bezeichnet. Im Gegensatz dazu war *Went to See the Gypsy* von einem Besuch bei Elvis Presley in Las Vegas inspiriert, wobei Dylan diese Begegnung mit seinen Erinnerungen an den Eindruck verschmolz, den *Heartbreak Hotel* und *Hound Dog* auf ihn als Schüler in Minnesota gemacht hatten. Der Song *New Morning* besaß mehr innere Vitalität als alles, was er seit *John Wesley Harding* gemacht hatte – unterstrichen durch Koopers typisches klagend verschwebendes Orgelspiel und ein Gitarrensolo von Ron Cornelius, das eines der besten Solo-Darbietungen war, das je auf einer Dylan-Platte zu hören war.

Gewiß gab es auf dieser LP auch Krudes und Enttäuschendes, aber das ignorierte man gern, weil man sich einfach danach sehnte, ihn wieder im Land des lebendigen Rock 'n' Roll willkommen zu heißen. *If Dogs Run Free* war ein ausgesprochenes Cool-Jazz-Stück, das irgendwo angesiedelt war zwischem dem Jack Kerouac der Vergangenheit und dem Tom Waits der Zukunft. *Three Angels* war ein Talking Country Song mit einem himmlischen Chor, der auch bei *Winterlude* auftauchte, einem, wie das meiste auf der *Self*

*Portrait*-LP, schwachsinnigen Song. Aber bemerkenswerterweise war *Father of Night* der erste Song, in dem er offen seine Gläubigkeit zum Ausdruck brachte, unvermittelt und direkt, ohne jede Spur von Ironie oder Distanziertheit.

Während *Went to See the Gypsy* aufgenommen wurde, passierte etwas Merkwürdiges. Billy Mundi, der Schlagzeuger, ließ sich von Dylans stampfendem Klavierspiel dazu verleiten, den Rhythmus auf den Kopf zu stellen – ein Fauxpas, bei dem jeder andere Künstler den Take gestoppt hätte. Dylan nicht. Ihm war es nie um Perfektion gegangen, wenn er seine Songs aufnahm, eine sehr gesunde Einstellung, der seine Platten oft eine ganz besondere Ausdruckskraft verdankten. Mit *New Morning* hatte er die meisten Kritiker wieder auf seiner Seite, da sie bei dieser Platte einige seiner alten Stärken rühmten; allerdings hörte sie sich seinerzeit wohl besser an als heute.

Das Schlimmste waren für Dylan 1970 im Village die Attacken einer Gruppe Verrückter, allen voran Alan Jules Weberman, selbsternannter Führer einer »Dylan-Befreiungsfront« und angeblicher Verfasser einer Konkordanz zu allen Dylan-Texten, die er systematisch nach ihrem Symbolgehalt abklopfte. Für Weberman und seinen kleinen Freundeskreis war Dylan ein gefallener

Prophet der Revolution, der es verdiente, daß man ihm das Leben zur Hölle machte. Sie belagerten sein Haus, riefen ihn zu den unmöglichsten Zeiten an und durchwühlten seine Müllsäcke nach Beweisen, die ihr einstiges Idol als wiedergeborenen Agenten des neofaschistischen Amerika überführen sollten. Schließlich habe Dylan – wie Weberman mit gespielter Unschuldsmiene behauptete – die Nerven verloren und seinen Peiniger geschlagen. Auf jeden Fall wird er es damals noch mehr bereut haben, wieder nach Downtown-Manhattan gezogen zu sein.

Im Februar 1971 erlebte *Eat the Document* – ursprünglich von ABC in Auftrag gegeben, aber dann vom Sender abgelehnt, als das Projekt sich festgefahren hatte – in einem Kino im Village eine einmalige Aufführung. Es war die von Dylan mit Kameramann Howard Alk hergestellte Fassung und nicht die von Pennebaker, dessen eigene Version eher ein konventionell erzählter Dokumentarfilm war – verglichen mit der verrückten Fassung von Dylan und Alk. Sie hatten ihn, wie Dylan behauptete, »mit geschlossenen Augen« geschnitten. Beinahe zeitgleich veröffentlichte der Verlag Macmillan schließlich auch noch ein anderes Überbleibsel aus der Zeit vor dem Unfall: *Tarantel,* ein dünnes Bändchen, auf dessen Vorsatzblatt zu lesen war, dies sei »Bob Dylans erstes Buch, das einzige Buch, das er je geschrieben hat. Er schrieb es 1966.« Dylan selbst hatte es vermutlich nicht herausbringen wollen, aber er war durch Raubdrucker dazu gezwungen worden, die sich nun nicht mehr allein auf Platten beschränkten und sich illegal ein Manuskript des »Romans« beschafft hatten. Bald zirkulierten Exemplare mit Farbkopien des Umschlags bei fliegenden Händlern von Greenwich Village bis zu Londons Portobello Road, wo diese für 25 Pence (75 Pfennig) zu haben waren. »Daß Dylan das Erscheinen des Buches jetzt gestattet hat«, schrieb Robert Christgau in der *New York Review of Books*, »ist ein Eingeständnis dafür, daß er eine Schlacht im endlosen Kampf um sein Privatleben verloren hat.« Wäre das Buch 1966 veröffentlicht worden, wäre es vermutlich enthusiastischer aufgenommen worden, als dies nun 1971 der Fall war. Der Text begann großartig – mitreißend die ersten vier Worte: »aretha/kristallene jukebox queen…«, aber dann versackte er in einem monologartigen Bewußtseinsstrom, den man viel leichter mit der Musik von *Blonde on Blonde* im Hintergrund verkraftet hätte. Wer allerdings geduldig weiterlas, stieß auf ein erstaunliches lyrisches Zwischenspiel:

> »hier ruht bob dylan
> ermordet
> von hinten
> von zitterndem fleisch
> das, abgewiesen von
>   Lazarus,
> ihn ansprang
> aus einsamkeit
> aber zu seinem erstaunen
>   entdeckte
> daß er bereits eine
>   straßenbahn war &
> das war genau das ende

> von bob dylan
> nun liegt er in Mrs. Actuallys
> schönheitssalon
> Gott hab ihn selig
> & seine wüstheit…

> hier ruht bob dylan
> vernichtet von Wiener
>   höflichkeit –
> die jetzt sicher behauptet
>   ihn erfunden zu haben
> die coolen leute mögen
> nun Fugen über ihn
>   schreiben
> & Cupido kann seine
>   kerosinlampe umstoßen –
> – bob dylan – umgebracht
>   von einem ausrangierten
>   Oedipus
> der trieb sich
> herum
> um einen geist auszuspähen
> & entdeckte daß
> auch der geist
> mehr als eine person war

Im März war Dylan wieder in den Studios, aber diesmal war Bob Johnston nicht mehr dabei. Leon Russell, der von den Hollywood-Studios dazu ausersehen war, mit Rocknobilitäten wie George Harrison und Eric Clapton eng zusammenzuarbeiten, leitete die Session und machte auch die Klavier-Begleitung. Zwei Stücke wurden mit Russells eigener Rhythmusgruppe aufgenommen. Das eine, *Watching the River Flow,* ein ziemlich unscheinbarer Boogie mit einem Text, der interessanterweise einen Mangel an künstlerischer Inspiration ansprach (»What's the matter with me? I don't have much to say« lautete der Eingangsvers), kam im Juni als Single heraus. Auf der B-Seite befand sich eine Soloversion des alten Songs

LEON RUSSELL AM BASS HINTER DYLAN BEI IHREN KURZEN, ABER MAGISCH FASZINIERENDEN AUFTRITTEN WÄHREND DER VON GEORGE HARRISON INITIIERTEN BANGLADESH-KONZERTE IM MADISON SQUARE GARDEN AM 1. AUGUST 1971. RUSSELLS VERSION VON *HARD RAIN* AUF SEINEM ZWEITEN SOLO-ALBUM GEHÖRT ZU DEN STÄRKSTEN DYLAN-COVER-VERSIONEN.

*Spanish is the Loving Tongue,* bei der Dylan sang und sich selbst auf dem Klavier begleitete und die während einer der Sessions zu *Self Portrait* mitgeschnitten worden war. Wegen seiner sorgfältigen Tempi und seiner ergreifenden Zartheit stellt dieser Song eine seiner sympathischsten Platten-Vorstellungen dar.

Im Mai fuhr Dylan zum erstenmal nach Israel. Daß er 1968 selbst Vater geworden war und zugleich seinen eigenen Vater verloren hatte, scheint ihn veranlaßt zu haben, sich tiefer auf geistige Dinge einzulassen. Vermutlich hätte er sich ohnehin früher oder später mit seiner jüdischen

Herkunft auseinandergesetzt – obwohl ihn das bislang überhaupt nicht beschäftigt hatte. Er war von der Klagemauer und anderen historischen Stätten so beeindruckt, daß er sogar erwog, mit seiner Familie längere Zeit in einem Kibbuz zu leben.

Als er wieder in New York war, bekam er einen Anruf von George Harrison, mit dem er im vergangenen Jahr öfter zusammen gewesen war. Auf Wunsch von Ravi Shankar organisierte dieser zwei Benefizkonzerte für die Bangladesh-Flüchtlinge, den in Vergessenheit geratenen Leidtragenden des Konflikts zwischen den beiden Teilen Pakistans. Beide

Konzerte sollten am 1. August im Madison Square Garden stattfinden, und bislang hatten Eric Clapton, Leon Russell, Ringo Starr und Billy Preston zugesagt, natürlich auch Harrison selbst und Shankar. Ob Dylan mitmachen würde? Er war interessiert, wollte sich aber nicht festlegen. Als er schließlich doch kam, sah er so verstört aus, daß Harrison nicht sicher war, ob er von der Garderobe wirklich zur Bühne finden oder sich zum Ausgang begeben würde. »Ich möchte gern einen Freund von uns allen auf die Bühne holen«, kündigte Harrison an und kreuzte seine Finger beschwörend. »Mr. Bob Dylan.« Zwanzigtausend

121

Menschen hielten den Atem an, als die Scheinwerfer eine zierliche Gestalt in einer Jeansjacke mit einem Mundharmonikahalter und einer großen Akustikgitarre erfaßten. Dann tobten sie vor Begeisterung. Aber was würde er singen? Etwas aus *New Morning*? Aus *Nashville Skyline*? Oder vielleicht, wenn sie Glück hatten, aus *John Wesley Harding*? Er begann ein paar Akkorde anzuschlagen, dann fielen Harrison mit der zweiten Gitarre und Russell mit dem Baß ein. »Oh where have you been, my blue-eyed son...« Es hätte kaum perfekter sein können. *A Hard Rain's A-Gonna Fall*, das Lied der von menschlichem Wahnwitz in Brand gesetzten Erde, das er vor neun Jahren während der Kubakrise geschrieben hatte, paßte nun genau zur Situation der unmenschlich unterdrückten Bangladeshis. Der Jubel des Publikums steigerte sich noch, als er weitere alte Songs zum besten gab: *It Takes a Lot to Laugh, Blowin' in the Wind, Mr. Tambourine Man* und das magische *Just Like a Woman*. Also hatte Bob Dylan doch noch nicht alle Brücken zur Vergangenheit abgebrochen.

Das war 1971 zwar sein einziger Live-Auftritt, doch der Welt sollten die Bob Dylans nicht ausgehen. Zwischen den Plattenfirmen tobte inzwischen der Wettstreit um den »neuen Dylan«. In den sechziger Jahren war der Nachwuchs aus dem Village gekommen: Tim Buckley, Tom Rush, David Blue, Phil Ochs, Tom Paxton. Nun aber trat eine neue Generation an, ein bunt gemischtes Häuflein Musiker, zu dem unter anderem Steve Forbert, David

Ackles, John Prine, Loudon Wainwright III, Steve Goodman, Jackson Browne gehörten. Sie machten ihre Sache mehr oder weniger gut. Die meisten freilich verkümmerten in dem Schatten, den Bob Dylan noch immer warf.

Im November gab er erneut zu erkennen, daß er – wie er es schon bei *New Morning* und dem Bangladesh-Konzert demonstriert hatte – gern eine ältere Bob Dylan-Version sein wollte. Er schrieb den ersten »Protestsong« seit seiner vorelektrischen Epoche: *George Jackson*. Dieser war eine Hommage an den ermordeten schwarzen Aktivisten, und er nahm sie in zwei Fassungen auf: in einer akustischen und in einer von einer Rhythmusgruppe (mit Leon Russell und Kenny Buttrey) und zwei Hintergrundsängern angereicherten Fassung. »He wouldn't take shit from no one/He wouldn't bow down or kneel«, sang Dylan und schloß: »Sometimes I think this whole world is one big prison yard/ Some of us are prisoners, the rest of us are guards.« Da war er wieder: der Bob Dylan, den jeder wiedererkennen konnte. Aber wie schon bei *Watching the River Flow* genügte eine Single einfach nicht, um diese Botschaft dem Publikum näherzubringen. Wie bei *New Morning* und dem Bangladesh-Konzert hatte man den Eindruck, er wolle einen alten Muskel nach langer Zeit des Mißbrauchs und des Verschleißes wieder in Form bringen, und dieser Eindruck verstärkte sich noch, als er im Laufe der nächsten Monate mit verschiedenen alten Freunden und neuen Bekannten an

Sessions in Clubs und Aufnahmestudios teilnahm.
Happy Traum, Allen Ginsberg, John Prine, Steve Goodman, Doug Sahm, Roger McGuinn und Barry Goldberg – sie alle standen für kurze Zeit auf der Bühne mit einer Legende, die offensichtlich Mühe hatte, sich selbst in den Griff zu bekommen.

»Wer bist du?« fragte Sheriff Pat Garrett und ließ seine kalten Blicke durch die Kneipe schweifen, bevor sie an einer kleinen, zappeligen Gestalt mit einem dünnen Bart hängenblieben.

»Das ist eine gute Frage«, erwiderte der Junge.

Die Rolle des Alias, eines Druckergesellen in einer mexikanischen Kleinstadt in den neunziger Jahren des vorigen Jahrhunderts, hatte sich Sam Peckinpah, der Regisseur von *Pat Garrett jagt Billy the Kid*, eigens für Bob Dylan ausgedacht. Im Unterschied zu den Hauptrollen war Alias keine historische Gestalt – aber in diesen Alias konnte Dylan hineinschlüpfen und sich zugleich durch ihn ausdrücken, und er paßte viel besser zu ihm als der Hut der Nashville Skyline oder der Anzug von der Isle of Wight.

Dylan verbrachte fast drei Monate mit dem Filmteam in der mexikanischen Stadt Durango – zusammen mit Peckinpah, Kris Kristofferson (Billy) und James Coburn (Garrett). Es war zwar keine Zeit des ungetrübten Glücks – »meine Frau hatte bald die Schnauze voll«, erinnerte er sich später reumütig –, aber er nahm die Schauspielerei ernst, und er mochte Peckinpah und

AUF EINMAL WAR DYLAN ÄUSSERST UMTRIEBIG, UND FAST JEDEN ABEND HING ER IRGENDWO IN GREENWICH VILLAGE HERUM. AM 13. NOVEMBER 1971 WAR ER ZUM BEISPIEL BEI EINER ALLEN GINSBERG SESSION. HIER MIT (VON LINKS) DEM DICHTER GREGORY CORSO, DEM KOMPONISTEN UND HORNISTEN DAVID AMRAN UND (AM BODEN) ED SANDERS, EINEM DER BEIDEN MITBEGRÜNDER DER FUGS.

123

beschrieb ihn als »wunderbaren Burschen… ein Außenseiter. Ein echter *hombre*. Jemand aus der alten Schule.« Im März 1973 nahm Dylan die Filmmusik auf und schuf eine Reihe von Songs und Instrumentalstücken, die perfekt zur elegischen Stimmung des Films paßten. Peckinpah jedoch hatte kurz vor dem letzten Schnitt seinen Einfluß auf den Film verloren, und Dylan stellte entsetzt fest, wie sehr man seine Musik zerhackt und neu montiert hatte. Nur ein einziger Song – *Knockin' on Heaven's Door* – befand sich genau an der Stelle, an der er ihn vorge-

sehen hatte. »Ich war viel zu geschafft, um mich davon getroffen zu fühlen«, bekannte er. Immerhin konnte der Film ein paar Jahre später gerettet werden, als man einiges Material wiedereinfügte und damit in etwa Peckinpahs gemessenes Tempo wiederherstellte. Als Single wurde *Knockin' on Heaven's Door* ein beachtlicher Hit und ein Standardtitel im Repertoire vieler anderer Sänger – und das erlebte der Songschreiber inzwischen nicht mehr so oft wie früher, als man sich noch um jedes seiner neuen Werke förmlich gerissen hatte.

DIE DREHARBEITEN ZU *PAT GARRETT JAGT BILLY THE KID* ZOGEN SICH ENDLOS LANGE UND QUÄLEND DAHIN, ABER DYLAN ALS ALIAS UND KRIS KRISTOFFERSON ALS BILLY PASSTEN GUT ZUEINANDER. ALLERDINGS WAR DIE ERSTE FASSUNG DES FILMS VON DEN STUDIO-VERANTWORTLICHEN VERUNSTALTET WORDEN: MAN HATTE DYLANS MUSIK PRAKTISCH NACH BELIEBEN ÜBER DEN FILM VERTEILT. ERST JAHRE SPÄTER STELLTE SAM PECKINPAH DIE URSPRÜNGLICHE REIHENFOLGE UND DEN RHYTHMUS IN EINEM NEUSCHNITT WIEDER HER.

Dylan hatte den Soundtrack in Los Angeles aufgenommen und ein Haus in Malibu gemietet, in der Nähe eines vor ein paar Jahren gekauften Grundstücks, auf dem er nun ein Haus mit Kupferdach für Sara und die Kinder baute, das er Xanadu taufte. Wieder einmal war er aus New York weggegangen und fühlte sich in der neuen Umgebung wohler. Die Musikwelt – oder zumindest der jüngere, kreativere Teil davon – war in Scharen nach Südkalifornien übergesiedelt. Ganz in der Nähe hatte sich die Band mit einem eigenen Studio niedergelassen, das sie Shangri-La nannten. Sein Vertrag mit Columbia war wieder ausgelaufen, und er begann nun mit David Geffen zu verhandeln, dem Chef von Asylum Records: Dieser war ein junger Plattenmogul, der bei der Agentur William Morris in der Versandabteilung gearbeitet hatte, ehe er seine erste eigene Klientin bekam, eine junge Unbekannte namens Laura Nyro. Innerhalb von vier, fünf Jahren hatte sich Geffen zu einem der mächtigsten Männer im Plattengeschäft hochgearbeitet, nicht zuletzt deshalb, weil er mit der neuen Generation der ausgebufften Sänger und Songschreiber – Leuten wie Joni Mitchell und Jackson Browne – in ihrer eigenen Sprache reden konnte. Auch wenn er bei ihnen in ihren Häusern in den Canyons herumhing, wußten sie natürlich nur zu gut, daß er in erster Linie Platten verkaufen wollte und mit Währungseinheiten, Dollars und Cents hervorragend umgehen konnte.

Im Herbst 1973 unterschrieb Dylan einen kurzfristigen Vertrag mit Asylum – damit wechselte er zum erstenmal, seit Hammond ihm vor zwölf Jahren einen Vertragsentwurf bei der Columbia vorgelegt hatte, das Label. Er nahm an, sein altes Label habe das Interesse an ihm verloren. »Ich hatte das Gefühl, es sei ihnen völlig egal, ob ich bleiben würde oder nicht.« Doch die Columbia reagierte darauf mit einem schmutzigen Trick: Die A&R-Abteilung grub sogleich neun Stücke aus, die sie während der Sessions zu *Self Portrait* und *New Morning* in Nashville und New York aufgenommen hatte, und warf dieses Machwerk mit einem schlampig aufgemachten Cover unter dem nichtssagenden Titel *Dylan* auf den Markt. Diese LP bestand aus einer Mischung von Cover Versions und traditionellen Einspielungen – im Grunde waren das nichts weiter als Aufwärmübungen und sonstiger Abfall. Das Erscheinen der Platte trug zwar auch nicht gerade zur Verbesserung seines Rufs bei, der ohnehin damals schon etwas angekratzt war, aber ganz so schlecht, wie die LP zunächst von der Kritik aufgenommen wurde, war sie nun auch wieder nicht. Wirklich ärgerlich waren die Arrangements mit den weiblichen Begleitstimmen: Auch wenn er *Lily of the West* noch so hervorragend gesungen hätte, war da dieser Frauenchor, der bei jedem Refrain einfiel und die Titelzeile wiederholte, und das klang aberwitzig geschmacklos für Ohren, die die Funk-Musik von 1973 gewöhnt waren. Wer den ersten schrecklichen Eindruck verkraftete, konnte doch eine ganze Menge Charme darin

entdecken, wie er zwei Songs vortrug, die sich auf Presley bezogen – *Can't Help Falling in Love* und *A Fool Such As I* –, dann kam eine absolut kitschige Postkartenversion von *Spanish is the Loving Tongue,* arrangiert für Band und Chor und ohne Scheu vor dem grellsten mexikanischen Kolorit. Das beste Stück Dylans stellt allerdings *The Ballad of Ira Hayes* dar, das von Peter LaFarge stammte, einem Sänger und Autor, der in der Village-Szene der frühen sechziger Jahre eine unbedeutende Rolle gespielt hatte, an den sich Dylan aber später trotzdem gern erinnerte – immerhin hielt er ihn für den besten Komponisten von Protestsongs. »Immer, wenn ich an einen Gitarrenpoeten oder Protestsänger denken muß, fällt mir Peter ein.«

Die unfreundliche Aktion der Columbia motivierte ihn derart, daß er und die sechs Musiker der Band im Shangri-La innerhalb von drei Tagen alle Stücke für *Planet Waves* aufnahmen. Ursprünglich sollte diese LP den Titel *Ceremonies of the Horsemen* tragen, und am Ende erhielt sie den Untertitel *Cast-Iron Songs and Torch Ballads.* Diese »Schmiedeeisenlieder und Fackelballaden« hatten mehr Substanz als alles, was er seit 1966 produziert hatte. In seinen Songs spannte er einen Bogen von dem aufregend dramatischen *Going, Going, gone* – einer Rückkehr zu der von Dämonen besessenen Welt Robert Johnsons – bis zu dem absolut unerwarteten *Forever Young,* einem Segen für seine Kinder. Das straffe, stählerne Spiel Robertsons, Hudsons und der anderen, das völlig entspannt und spontan wirkte, trug entscheidend zum Erfolg der LP bei – aber auch die Tatsache, daß Dylan den Frauen – und über Frauen allgemein – eine Menge mitzuteilen wußte. Was über Dylans Beziehungen zu Frauen bekannt geworden ist, verbirgt sich möglicherweise in Songs wie *Dirge* und *Something There is About You,* aber im Grunde genommen lädt nur das Solo *Wedding Song* dazu ein, seine Äußerungen wörtlich zu nehmen. Dieser Song ist Sara gewidmet und wurde in einem einzigen Take am Ende einer Reihe von Sessions aufgenommen. Hier ließ er seinen Gefühlen für sie ungeniert freien Lauf, hier floß eine Reihe ungekünstelter Formulierungen ein, die jedem anderen in ähnlicher Situation über die Lippen kommen würde: »I love you more than ever, more than time and more than love/I love you more than money and more than the stars above«, begann er, und mit den gleichen schlichten Tönen klang er aus: »...and I could never let you go, no matter what goes on/'Cause I love you more than ever now that the past is gone.« Sein intensiver und entschlossener Vortrag ließ keinen Zweifel daran, daß von diesem Schlußsong der LP *Planet Waves* eine wichtige Botschaft ausging.

»Sie waren vorbei, bevor wir überhaupt merkten, daß sie begonnen hatten«, resümierte Robbie Robertson diese Aufnahmesitzungen. Das gleiche freilich hätte er nicht von der sich anschließenden Amerikatournee sagen können, die am 3. Januar 1974 in Chicago begann, neunund-

dreißig Konzerte in sechs Wochen umfaßte und im Forum von Los Angeles zu Ende ging. Mit dieser Tournee verknüpften sich hohe Erwartungen: Dylan trat hier zum erstenmal wieder – acht Jahre nach seiner letzten Tournee – vor einer breiteren Öffentlichkeit auf, wenn man einmal von den speziellen Ereignissen wie dem Festival auf der Isle of Wight und dem

Bangladesh-Benefizkonzert absieht. Der Veranstalter Bill Graham rechnete mit Vorbestellungen für über zehn Millionen Eintrittskarten. Dylan erfüllte seinen Part bei diesem Geschäft: Die Show dauerte jeweils zwei Stunden, enthielt Kurzauftritte Dylans mit rein akustischen Vorträgen und der Band und umfaßte nahezu sein gesamtes musikalisches Spek-

WÄHREND DER AMERIKATOURNEE VON DYLAN UND DER BAND IM JAHRE 1974 STANDEN MILLIONEN UM KARTEN AN. HIER SIEHT MAN IHN AM 6. JANUAR MIT LEVON HELM IM SEPCTRUM VON PHILADELPHIA, DEM DRITTEN KONZERT DER TOURNEE.

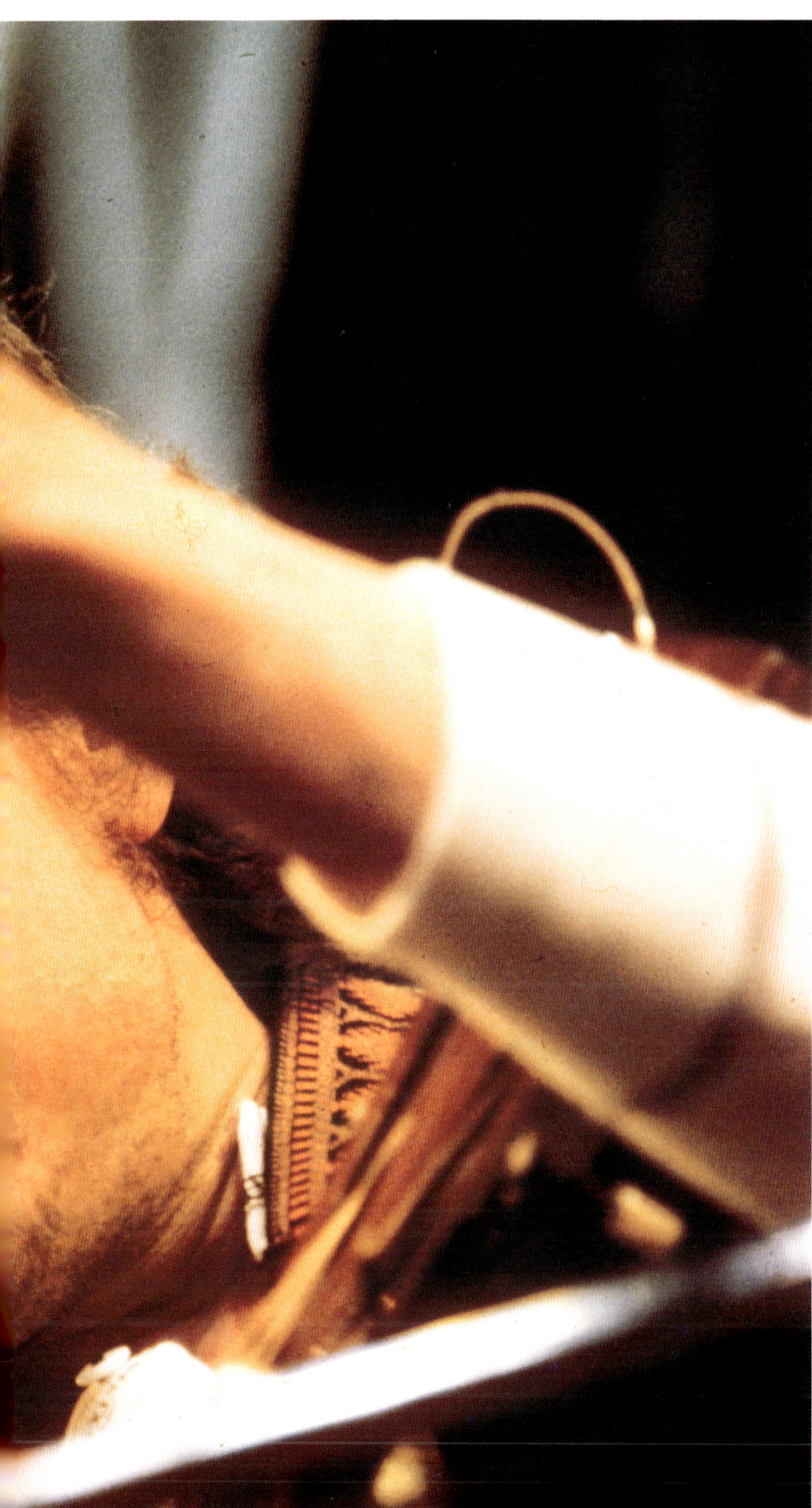

DIE MUSIK WAR SOLIDE UND STARK, ABER DYLAN WUSSTE, DASS ER SICH WIEDER EINMAL NUR SELBST WIEDERHOLTE. UM SO BEWEGENDER WAR DIE REAKTION DES PUBLIKUMS AUF DEN VERS, DER DURCH DEN WATERGATE-SKANDAL EINE NEUE BEDEUTUNG GEWONNEN HATTE: »SOMETIMES EVEN THE PRESIDENT OF THE UNITED STATES MUST HAVE TO STAND NAKED.«

*BEFORE THE FLOOD*, EIN
LIVE-DOPPEL-ALBUM, DAS BEI DEN
TOURNEEKONZERTEN IN INGLEWOOD,
KALIFORNIEN, UND IM MADISON
SQUARE GARDEN MITGESCHNITTEN
WORDEN WAR, STELLTE DAS ZWEITE
UND LETZTE PRODUKT VON DYLANS
KURZER LIAISON MIT DAVID GEFFENS
ASYLUM RECORDS DAR. VERMUTLICH
WOLLTE ER DEN VERANTWORTLICHEN
VON DER COLUMBIA NUR
KLARMACHEN, WIE WICHTIG ER FÜR SIE
WAR.

trum – von *Blowin' in the Wind* und *Don't Think Twice* bis *Something There Is About You.* Sein Spiel und sein Gesang waren extrovertiert und stark: Das war eine Arena-Show, bei der die Post abging und das Publikum mitging – brennende Streichhölzer wurden im ganzen Rund hochgehalten, ein bewegender Tribut an eine zurückgekehrte Legende. Und als sie kreuz und quer durch Amerika zogen, wurde fast allabendlich ein Satz aus einem bestimmten Song mit tosenden Beifall bedacht: »Sometimes even the president of the United States must have to stand naked« (ein Satz aus der langen Latte von Anklagen, aus denen *It's Alright, Ma* bestand) – dieser hatte einen neuen starken Klang in den Ohren jener, die seit Entstehen des Songs von Richard Nixon jahrelang nichts weiter als Lügen und Ausflüchte gehört hatten. Auch diese Resonanz war auf dem Live-Doppelalbum *Before the Flood* festgehalten, das Asylum vier Monate nach dem letzten Konzert der Tournee auf den Markt gebracht hatte.

Aber etwas stimmte hier nicht. So gut sie in *Planet Waves* gewesen waren – auf der Bühne brachten die Musiker nichts Neues, sondern ließen mit professioneller Brillanz nur eine vorgegebene Routine abspulen. Sie boten einander keine Überraschungen mehr, und Dylan war froh, als alles vorbei war. Als er später mit Abstand auf die Tournee zurückblickte, ging er mit sich selbst ziemlich hart ins Gericht: »Auf dieser Tournee habe ich bloß eine Rolle gespielt. Ich habe Bob Dylan gespielt. Das war einfach

bescheuert.« Aber da in seinem Leben schon so viele Leute von ihm verlangt hatten, er solle Bob Dylan spielen, konnte man ihm kaum zum Vorwurf machen, daß er diesem Wunsch ab und zu nachkam. Zumindest durchschaute er den Schwindel.

Da ihn das Leben im Lotus-Land nicht länger ausfüllte, kehrte Dylan im Frühjahr 1974 wieder nach New York zurück und versuchte, sich dort neu zu orientieren. Am Ende hatte Geffen auch nicht mehr Platten verkauft als sein altes Label, und da sich der Künstler nach dem Erscheinen von *Dylan* nervös fragte, wie man seine Backlist noch weiter ausbeuten könnte, unterschrieb er wieder bei der Columbia einen neuen langfristigen Vertrag.

Dann hatte er einen schrecklichen, fünfzehnminütigen betrunkenen Auftritt zusammen mit Dave Van Ronk, Pete Seeger, Melanie und anderen bei einem von Phil Ochs organisierten Benefizkonzert für die »Freunde Chiles«. Anschließend kam es zu einer weitaus verheißungsvolleren Begegnung: mit einem Ex-Boxer namens Norman Raeben, der Kunst und Philosophie gleichzeitig unterrichtete und der ihm von einem Freund in Kalifornien empfohlen worden war. Dylan besuchte seine Kurse mehrere Monate lang und war zutiefst beeindruckt: »Er brachte einem eigentlich gar nicht so sehr bei, wie man malen sollte«, sagte er später. »Er brachte einem auch nicht bei, wie man zeichnen sollte. Er brachte einem überhaupt nichts von diesen Dingen bei. Aber er brachte einem bei, wie man Kopf, Verstand und Augen zusammenbringen muß,

um ganz tief einzudringen in das, was wirklich zählt... Er konnte in einen hineinschauen und einem sagen, wer man ist... Natürlich hat mich das verändert. Ich bin anschließend nach Hause gegangen, und von Stund an hat mich meine Frau nie mehr verstanden. Da begann unsere Ehe in die Brüche zu gehen. Sie hat nie mehr gewußt, wovon ich redete, worüber ich mir Gedanken machte, und ich konnte es ihr womöglich auch nicht erklären.«

Um so mehr lagen ihm die Songs am Herzen, die in seine nächste LP *Blood on the Tracks* aufgenommen wurden. Er empfand Seelenschmerz, und wieder einmal gelang es ihm, seine Gefühle in Kunst umzuwandeln. Es gab kaum einen Dylan-Fan, der dieses Album nicht sogleich für sein bestes seit dem Unfall hielt: Er schien darin geradewegs die schmerzliche Klarheit der *Freewheelin'*-Ära mit den komplizierten emotionalen Untertönen der *Blonde on Blonde*-Balladen zu verschmelzen. Später wandte er sich verärgert gegen die weit verbreitete Unterstellung, diese LP sei nichts weiter als eine Meditation über seine gescheiterte Ehe. So erklärte er im Zusammenhang mit dem Song *You're a Big Girl Now:* »Ich habe gelesen, dieser Song handele angeblich von meiner Frau. Wenn man mich doch bloß zuerst einmal fragen würde, bevor man solches Zeug druckt. Ich meine, der Song könnte doch fast jeden betreffen, dazu braucht man nicht meine Frau, right? ... Man kann doch nicht einfach hergehen und meine

Texte wörtlich nehmen... ich schreibe doch keine Bekenntnislieder. Gefühle haben damit überhaupt nichts zu tun. Das scheint doch nur so, genauso wie es nur scheint, Laurence Olivier sei Hamlet.« Und dann fügte er noch hinzu: »Jedenfalls ist es nicht mal das Erlebnis, das zählt, sondern die Einstellung, die man zu dem Erlebnis hat.« Auch wenn man ihm im Zweifelsfall durchaus recht

geben würde – in Songs wie *Tangled Up in Blue*, *A Simple Twist of Fate* und *Shelter from the Storm* konnte man gleichwohl seine Deutung und Analyse konkreten Erlebens sehen: Das Nacherleben ist genausowenig das wirkliche Erlebnis wie die Fußballreportage das Spiel selbst ist. Er versuchte etwas viel Schwierigeres und Einträglicheres als eine simple Reportage. Er

wollte Einsichten und Lehren aus dem ziehen, was ihm widerfahren war; man täte ihm wirklich unrecht, würde man behaupten, er habe über nichts weiter als seine Eheprobleme geschrieben. Er ging viel tiefer.

Unter der sanften, beruhigenden Oberfläche von *Blood on the Tracks* brodelte es nur so von Gedanken und Erlebnissen, die Dylans Zuhörer unmittelbar ansprachen; die

DAVE VAN RONK (RECHTS) SIEHT ZU, WIE SICH DYLAN WÄHREND SEINES UNANGEKÜNDIGTEN AUFTRITTS BEI EINEM BENEFIZKONZERT DER FRIENDS OF CHILE AMÜSIERT, DAS PHIL OCHS AM 9. MAI 1974 IM FELT FORUM IN NEW YORK VERANSTALTETE.

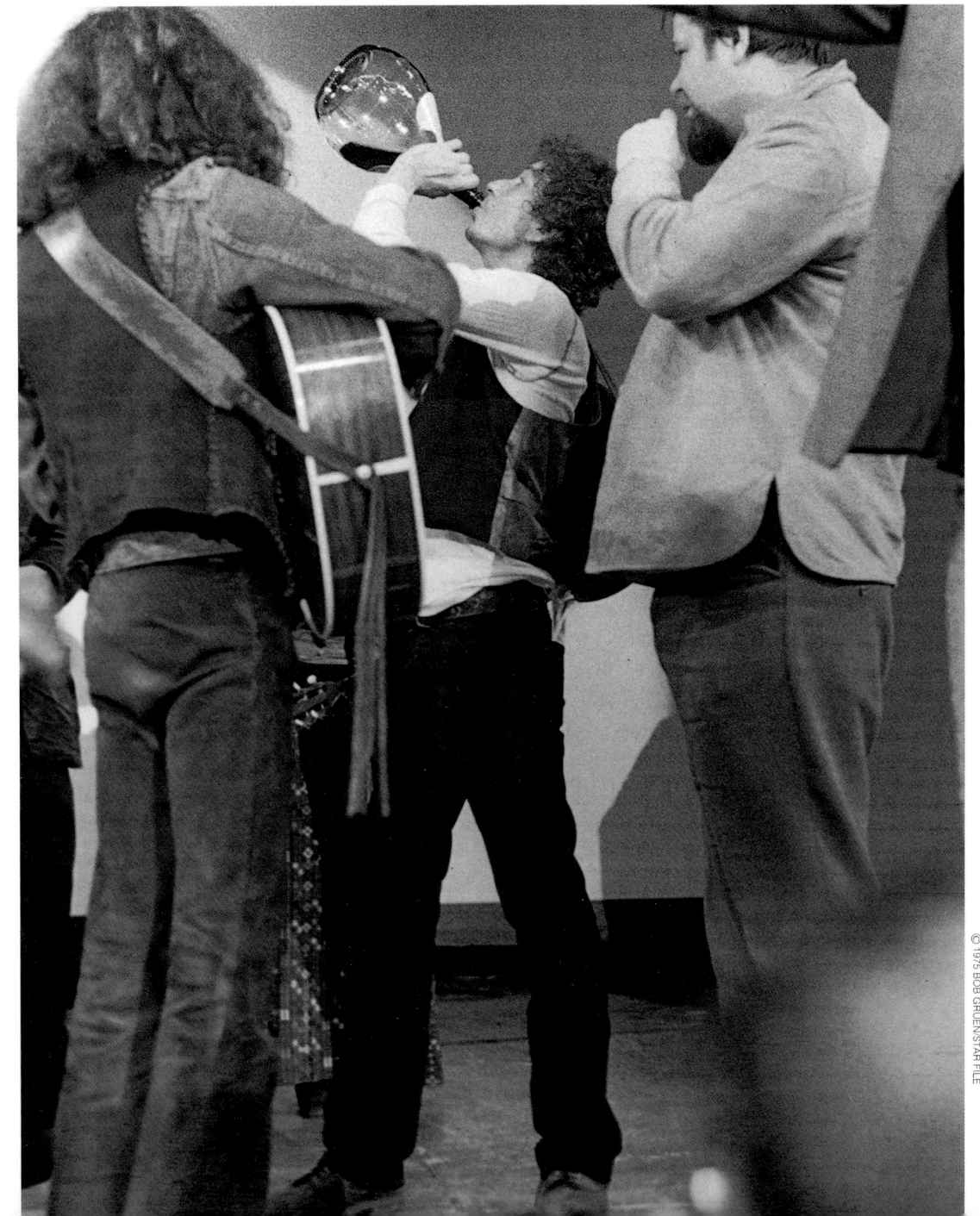

damit verbundenen Gefühle waren zwar durchaus neu geordnet und neu definiert, aber sie erinnerten zugleich an seine besten früheren Stücke wie *Don't Think Twice* und *She Belongs to Me.* Haßte er etwa tatsächlich die in *Idiot Wind* angesprochene Person, oder waren das alles bloß Dinge, die man einer geliebten Person an den Kopf wirft, wenn man aufgeheizt ist? Zwar zählte *You're Gonna Make Me Lonesome When You Go* nie zu seinen bedeutendsten Songs, doch ist es ihm nur hier so eindrucksvoll gelungen, eine flotte, optimistische Melodie – deren Fröhlichkeit noch durch die jauchzende Mundharmonika verstärkt wird – mit Versen über das Verlassensein zu verknüpfen. Diese Doppelbödigkeit, schien er damit zu sagen, ist es doch gerade, die das Leben wirklich ausmacht.

Zunächst war *Blood on the Tracks* in nur zwei Tagen in den A&R-Studios der Columbia in New York aufgenommen worden, mit Paul Griffin an der Orgel sowie den Mitgliedern von Eric Weissbergs Deliverance-Band, mit Buddy Cage an der Steelgitarre und Tony Braun am Baß. Doch als Dylan während eines weihnachtlichen Abstechers nach Minneapolis eine zu PR-Zwecken verschickte Vorabpressung hörte, beschloß er, einige der Stücke noch einmal aufzunehmen – und zwar gleich an Ort und Stelle. Mit Hilfe seines Bruders David verpflichtete er fünf Musiker aus Minneapolis, und drei Wochen später war die überarbeitete LP in den Plattenläden, wobei man vier Stücken diese Nachbearbeitung deutlich anmerkt. Im

großen und ganzen waren die neuen Einspielungen brillanter im Tempo wie im Ton, wenngleich auch die in New York aufgezeichneten und nun verworfenen Takes ihre Qualitäten hatten. An der Neuaufname von *Tangled Up in Blue* sowie an späteren Versionen dieses Songs läßt sich beispielsweise gut feststellen, wie gewissenhaft Dylan seine Songs bearbeitete: Die Textänderungen etwa sollten das Ganze offensichtlich noch mehr verfremden, damit die Aussagen nicht so direkt auf persönliche Erlebnisse bezogen werden konnten, was ihm durch das Spiel mit verschiedenen Zeitebenen und den Wechsel der Identitäten hervorragend gelang (»...indem die Sprecher mal in der ersten und mal in der dritten Person auftreten, ist man nie ganz sicher, ob nun die erste oder die dritte Person gerade spricht«). Als Gegengewicht zu dem intensiven *Idiot Wind* nahm er zusätzlich *Lily, Rosemary and the Jack of Hearts* auf, eine neunminütige halb surrealistische Ballade aus dem Wilden Westen, womit er zugleich an *Frankie Lee and Judas Priest* anknüpfte. Nach Meinung der meisten Kritiker war dies eine nahezu perfekte Platte, die eigentlich keiner von Bob Dylan im Jahre 1974 erwartet hatte.

In der Hochstimmung, die nach Dylans erster kreativer Leistung im Rahmen des neuen Vertrags herrschte, stieß die A&R-Abteilung der Columbia auf wenig Widerstand, als man die Idee einer weiteren Archivaufnahme zur Diskussion stellte. Doch diesmal ging es nicht um zusammengeschlu-

derten Abfall, sondern um eine gewissenhafte Zusammenstellung der Basement-Tapes. Unter Leitung von Robbie Robertson wurde aus Garth Hudsons vielstündigen Bändern eine Auswahl getroffen und in Los Angeles von der *Planet Waves*-Mannschaft neu gemischt. Reid Miles, der großartige ehemalige Art Director von Blue Note Records, arrangierte ein aufwendiges Cover-Foto, auf dem Dylan und die Mitglieder der Band in verschiedenen Kostümen in einem Keller zu sehen sind, gemeinsam mit einer Reihe anderer Figuren – einer Ballerina, einem Zwerg, einem Athleten, einer dicken Frau, einem Eskimo –, die in loser Beziehung zu den Inhalten der Songs standen. Natürlich hatte jeder etwas an Robertsons Auswahl herumzumeckern (weder *I Shall Be Released* noch *Quinn the Eskimo* waren dabei, dafür ein paar weniger bedeutende Takes), und natürlich hatten die Raubpresser längst vor Jahren das Beste gestohlen. Und dennoch: Mit diesem Album stellte sich Bob Dylan nicht nur seiner Vergangenheit, sondern gewann sie auch teilweise wieder zurück.

© KEN REGAN/CAMERA 5

# 6. Rollender Donner

*»Nach und nach*

*fanden sich*

Vielleicht hatte Dylan das Gefühl, trotz aller Nachbesserungen in den Songs der LP *Blood on the Tracks* viel zuviel von sich selbst preisgegeben zu haben, vielleicht wollte er aber auch eine Zeitlang über andere Dinge als nur sich selbst nachdenken. Im Mai 1975 machte er Urlaub in Südfrankreich und besuchte das alljährliche Fest in Les Saintes Maries de la Mer in der Camargue, wo Zigeuner aus ganz Europa zu Ehren der Schwarzen Sara zusammenkommen. Und das inspirierte ihn zu einem Song: *One More Cup of Coffee.*

Als er wieder nach New York zurückgekehrt war, wurde er überaus aktiv. Er sah sich in Clubs um, testete Musiker und setzte sich mit ihnen zusammen, um das richtige Feeling zu bekommen. Und es tat sich damals eine ganze Menge: Die jungen Bands, die nun aufkamen, wollten nicht wie Led Zeppelin oder die Eagles klingen. Eine neue Art von Radikalität lag in der Luft, es kam zu einer Gegenbewegung gegen die Art und Weise, wie der Rock 'n' Roll kommerzialisiert und zu einer einträglichen Industrie gemacht worden war. Dylan stammte zwar aus einer älteren Generation, teilte aber völlig die Überzeugung dieser Gegenbewegung. Er reagierte in seiner Weise darauf, indem er eine Tournee alten Stils zusammen-

stellte, mit der er den Geist wiederzubeleben hoffte, den die Musik gehabt hatte, bevor jeder erfolgreiche Musiker glaubte, drei Road Manager und diverse Abschreibungsgesellschaften beschäftigen zu müssen.

Dylans »Rolling Thunder Revue« war ein mutiger Versuch, mit all den Auswüchsen aufzuräumen. Zunächst lief ihm die Geigerin Scarlett Rivera über den Weg, und er fühlte sich von ihr inspiriert. Es muß schon ein Tag von ganz besonderem Zauber gewesen sein, als sie mit ihm zusammen musizierte, ihm zusah, wie er mit Muddy Waters im Bottom Line des Village spielte, und später mit ihm und der Waters-Band die ehrwürdige Victoria Spivey besuchte, eine seiner ersten Gönnerinnen in New York, die auf der anderen Seite des East River wohnte.

Dylan schrieb jetzt wieder mehr Songs, ja seine Produktivität nahm sogar noch zu, als er Jacques Levy kennenlernte, einen New Yorker Psychologen und Theaterregisseur, der in den späten sechziger Jahren zusammen mit Roger McGuinn versucht hatte, aus Ibsens *Peer Gynt* ein Country-and-Western-Musical mit dem Titel *Gene Tryp* zu machen. Das Musical war zwar nie fertig geworden, aber einer der Musical-Songs – *Chestnut Mare*, für den Levy den Text geschrieben hatte – war 1970

mit den Byrds ein Riesenhit geworden. Levy und Dylan lernten sich auf der Straße kennen, verstanden sich auf Anhieb und begannen sogleich miteinander zu schreiben. Gleich am ersten Abend entstand *Isis,* und nach ein paar Tagen siedelten sie in Dylans Haus auf Long Island über und produzierten rasch neun weitere Songs. Allerdings fehlte den Songs die Eindringlichkeit, die die Stücke von *Blood on the Tracks* so ausgezeichnet hatte. Sie griffen wahre Geschichten auf und verarbeiteten sie zu ausführlichen Balladen wie etwa die Leidensgeschichte von Rubin »Hurricane« Carter, die Geschichte eines schwarzen Boxers, der irrtümlicherweise als Mörder einsaß (Dylan hatte Carters Buch *The Sixteenth Round* gelesen und ihn im Rahway Prison in New Jersey besucht), sowie die Biographie eines ungewöhnlichen New Yorker Gangsters, Joey Gallo.

Zwei Wochen lang hörte sich Dylan verschiedene Musiker an, und im Juli ging er wieder in die Studios. Er hatte einen neuen Produzenten – Don DeVito, einen Angestellten der Columbia – und verpflichtete eine buntgemischte Truppe von Musikern: Rivera, Eric Clapton, die Sängerinnen Emmylou Harris und Yvonne Elliman sowie die neun Mitglieder von Kokomo, einer britischen Soul-Band, die bei Columbia unter Vertrag war. Die ersten

Im Juni 1975 besuchte Dylan Rubin »Hurricane« Carter, einen ehemaligen Boxer, der neun Jahre zuvor zu Unrecht wegen dreifachen Mordes verurteilt worden war, im Gefängnis von Rahway, New Jersey. Dylan schrieb daraufhin den Song *Hurricane* und beteiligte sich an der Rehabilitierungskampagne, die schliesslich 1985 Carters Freilassung bewirkte.

Sessions gingen völlig daneben. Die Jungs von Kokomo hatten in den Londoner Kellerpubs angefangen, und da waren sie noch Dynamit gewesen. Aber ein großer Schallplattenvertrag und das Leben in Amerika waren ihnen zu Kopf gestiegen. Das war nicht die Band, die Dylan suchte. Es herrschte ein fürchterliches Chaos, bis DeVito Rob Stoner dazuholte, einen Baßgitarristen, der seinerzeit Ramblin' Jack Elliott in den Clubs begleitet hatte, damit man das Ganze wieder in den Griff bekam. Stoner erkannte gleich, daß es das beste sein würde, alle rauszuschmeißen und von vorn anzufangen. Nur die Rivera und die Harris durften bleiben, dazu holte Stoner seinen eigenen Schlagzeuger Howie Wyeth. Nun war eine Truppe beisammen, mit der man arbeiten konnte.

In einer einzigen Sitzung am 30. Juni nahmen sie acht Songs auf, wovon sechs auf die LP *Desire* übernommen wurden. Durch die Arbeit mit einer kleinen Band, der er neues Material gab, so daß alles mit ein oder zwei Takes im Kasten war, erzielte Dylan – mit Stoners Hilfe – jene Spontaneität, die er immer geliebt hatte. Der Sound der Band war freilich eher Geschmackssache: Trotz seines romantischen Timbres hielten manche Kritiker das ständig präsente Violinspiel der Rivera doch für zu aufdringlich und als Begleitmusik für Dylans Gesang nur begrenzt geeignet. Wyeths Schlagzeug war mit einem viel stärkeren, viel emphatischeren Sound aufgenommen worden, als es Dylan zuvor gehandhabt hatte – verglichen mit Levon Helms oder Kenny Buttreys Instrumentierung war Wyeth viel weniger subtil und individuell. Emmylou Harris war in bestimmten Songs eindeutig eine Fehlbesetzung. Sie war es offenbar nicht gewöhnt, gleichzeitig Worte vom Blatt abzulesen und an Dylans Lippen zu hängen, um ihre Einsätze nicht zu verpassen.

Am nächsten Tag holte Dylan die Musiker noch einmal zusammen und schloß das Album mit der Aufnahme eines weiteren Songs ab. So wie die LP *Planet Waves* mit *Wedding Song,* eine Hymne an seine Frau, geendet hatte, war auch diesmal Sara Schlußteil der LP *Desire* – und auch dieser Song zeichnete sich durch schlichte Unzweideutigkeit aus. Aber auch diesmal wäre es gefährlich, jeden Vers wörtlich zu nehmen, doch ganz offensichtlich hat er hier das Leben mit seinem »radiant jewel, mystical wife« bis ins Detail hinein beschrieben. Und selbst wenn so fragwürdige Verse wie »Stayin' up for days in the Chelsea Hotel/Writin' ›Sad-Eyed Lady of the Lowlands‹ for you« nicht auf einer wahren Begebenheit beruhen sollten, klingen sie doch wie ein ziemlich verblüffendes Eingeständnis von einem Mann, der es stets verächtlich von sich gewiesen hatte, beim Wort genommen zu werden.

Ein paar Wochen nach Fertigstellung der Platte rief Dylan Rivera, Stoner und Wyeth zu sich und bat sie zu ihrer Überraschung, ihn bei einer Fernsehsendung für John Hammond in Chicago zu begleiten. Als sie wieder in New York waren, bestellte er sie in ein Probenstudio und setzte sie als harten Kern ein, während die übrigen Mitglieder des Projekts »Rolling Thunder Revue« einer nach dem anderen auftauchten. Nach und nach fanden sich Personen aus Dylans Vergangenheit ein: Jack Elliott, Joan Baez, Roger McGuinn, Allen Ginsberg, David Blue, Bobby Neuwirth, Ronnie Hawkins und andere. Dazu gesellten sich noch Ronee Blakely, der in Robert Altmans Film *Nashville* mitgespielt hatte, sowie vier Musiker, die praktisch so gut wie alles spielen konnten: T-Bone Burnett, David Mansfield, Steven Soles und Luther Rix. Ihre erste Aufgabe bestand darin, *Hurricane* noch einmal mit einem leicht geänderten Text aufzunehmen, um die Bedenken der Rechtsanwälte

WÄHREND DER BERÜHMTEN AUSGEDEHNTEN ROLLING-THUNDER-TOURNEE BESUCHTEN DYLAN UND ALLEN GINSBERG AM 3. NOVEMBER 1975 IN LOWELL, MASSACHUSETTS, DAS GRAB VON JACK KEROUAC, UM DEM BEAT-POETEN IHREN TRIBUT ZU ZOLLEN. GINSBERG IMPROVISIERTE EINEN BLUES, WÄHREND DYLAN DAZU HARMONIUM SPIELTE. DIE KAMERA HAT DIE SZENE FÜR DEN FILM *RENALDO UND CLARA* FESTGEHALTEN.

137

der Columbia auszuräumen. Da der Song erst am Ende einer langen Probe mitgeschnitten wurde, mußten die erschöpften Musiker ein Dutzend Takes über sich ergehen lassen, und letztendlich wurde das Stück von DeVito aus zwei Aufnahmen zusammengeschnitten, was allerdings nur teilweise das beunruhigend beschleunigte Tempo erklärt.

Am 30. Oktober 1975, im Jahr der Zweihundertjahrfeier der amerikanischen Unabhängigkeit, trat Bob Dylans »Rolling Thunder Revue« zum erstenmal im War Memorial Auditorium von Plymouth in Massachusetts auf – hier waren einst die Pilgerväter an Land gegangen. Ein paar Abende zuvor hatte die Truppe ihre zweiwöchigen Proben mit einer Art Vorpremiere im Folk City abgeschlossen und auf diese Weise Mike Porcos Geburtstag gefeiert.

AUF DER ROLLING-THUNDER-TOURNEE UMGAB SICH DYLAN MIT GESTALTEN AUS SEINER VERGANGENHEIT – ES WAR EIN VERSUCH, EINE ART WANDERTHEATER ZU SCHAFFEN, DESSEN ROLLEN ER NACH LUST UND LAUNE BESETZTE.

Die Shows waren ausgesprochen lang, etwa vier Stunden pro Abend, und zwischendurch traten auch viele Gäste auf. Keines der über fünfzig Konzerte, die die Truppe zwischen diesem 30. Oktober 1975 und dem Mai des darauffolgenden Jahres gab, glich dem anderen – nicht zuletzt wurden auch die einzelnen Songs jeden Abend verändert vorgetragen. Einige der Musiker regten sich darüber natürlich auf, aber diese Methode gefiel all denen, die nicht in eine langweilige Routine verfallen wollten und die begriffen, worum es Dylan dabei ging. Der gleichen Philosophie entsprang auch, daß viele der Shows vorher nicht angekündigt wurden. Außerdem hatten sie einige dadaistische Einfälle: So steckten sie beispielsweise die Baez in Dylans Kleidung und kündigten sie als Dylan an, und Dylan selbst legte ein grellweißes Make-up auf und trug einen breitrandigen Hut, was auf die italienische Commedia dell'arte des sechzehnten bis achtzehnten Jahrhunderts zurückgehen sollte, deren Charaktere (Arlecchino, Pantalone und Colombina) und Kostüme Picasso und auch die französischen surrealistischen Dichter inspiriert hatten.

Das ganze Spektakel wurde auch gefilmt. Dylan hatte Howard Alk angerufen und ihm gesagt, daß er dort wieder beginnen wollte, wo sie bei *Eat the Document* damals aufgehört hätten. Er glaubte nun zu wissen, wie der Film auszusehen hätte, den er 1966 nicht zustande gebracht hatte. An einigen Tourneeabenden kreuzte ein regelrechtes Film-

NACH DER SANFTHEIT, DIE IN SEINER MUSIK NACH DEM UNFALL ZUMEIST VORHERRSCHTE, WURDEN DIE RAUHEN KLÄNGE DER ROLLING-THUNDER-SONGS VON EINIGEN ALTEN FANS BEGRÜSST, DIE SICH DANACH SEHNTEN, DASS DYLAN SICH WIEDER MAL EIN BISSCHEN DANEBENBENAHM.

team auf. Außerdem kam der junge Dramatiker Sam Shepard, dessen Stücke bereits in New York und London erfolgreich aufgeführt worden waren und dessen Beziehung zu Patti Smith ihn in die Village-Szene der frühen siebziger Jahre eingeführt hatte. Shepard wäre sicher der Richtige gewesen, einen Film mit einer derartigen Besetzung zu schreiben und zu drehen: »Rock and roll hat filme dramen kunst über bord gehen lassen nichts davon hat eine chance gegen die Who die Stones und die alten Yardbirds

WÄHREND DES GANZEN WINTERS REISTE DIE TRUPPE KREUZ UND QUER DURCH DIE STAATEN IM NORDOSTEN DER USA UND BIS NACH KANADA, BIS SIE SCHLIESSLICH IN KALIFORNIEN UND TEXAS ANKAM.

Creedence Traffic Velvet Underground Janis und Jimi...«, schrieb er in *Hawk Moon*. Aber offenbar konnte Dylan weder Shepard noch sonst jemandem begreiflich machen, was ihm vorschwebte. Außerhalb der Bühne schuf er kleine Szenen, in denen verschiedene »Schauspieler« Dialoge improvisierten, die zuweilen aus ihrem wirklichen Leben stammten und manchmal auch nicht – aber ihm fehlte einfach das technische Können, seine Vorstellungen in Film umzusetzen. »Eine Menge von guten Szenen klappten einfach deshalb nicht, weil die Spieler längst improvisiert hatten, bis die Kameras bereit waren, sie zu filmen«, berichtete er später über seine Erfahrungen. »Man kann solche Dinge einfach nicht noch mal wiederholen.«

Nicht alle Mitglieder der Revue waren von diesem Filmprojekt angetan. Sara, mit der er sich vorübergehend ausgesöhnt hatte, war auch dabei, und die meisten Beobachter hielten das, was er da mit der Baez und mit Sara abzog, für ziemlich geschmacklos. Was zunächst als Riesenspaß begonnen hatte, ging völlig daneben, als beide in die Rolle von Huren gedrängt wurden. »Alle Rolling-Thunder-Frauen spielten Huren«, stellte die Baez fest. Und auch Sara war todunglücklich und bereute es, sich auf die Tournee eingelassen zu haben.

Schließlich verließ die Revue zur Finanzierung des ganzen Unternehmens die kleineren Veranstaltungs-Säle und ging in die Arenen – allerdings wurden die Shows im Astrodome von Houston und im Madison Square Garden als

Benefizveranstaltungen für den »Rubin Carter Verteidigungsfond« durchgeführt, das war kurz bevor man Carter ein Wiederaufnahmeverfahren zusicherte (dennoch kam er erst 1985 frei). Und dann schien im März, sie waren mitten in den Proben für die zweite Hälfte der Tournee, alles für Dylan danebenzugehen: Er erfuhr, daß Phil Ochs, sein alter Freund und Rivale, in New York Selbstmord begangen hatte, seine Ehe war ein Scherbenhaufen, und er trank wieder viel zuviel. Mitte Mai brach die Show auseinander. Auf der Live-LP *Hard Rain*, die in Fort Worth in Texas und in Fort Collins in Colorado aufgenommen worden war, bekommt man die letzten Zuckungen mit – man hört förmlich, wie die Nerven zum Zerreißen gespannt sind. Der musikalische Höhepunkt der »Rolling Thunder Revue« war die noch im Dezember 1975 in Montreal aufgenommene Fassung von *Isis*, als alle Teilnehmer noch in Hochstimmung waren (man kann dies auch noch in dem Film *Renaldo und Clara* sehen und auf der Kassette *Biograph* hören). Das war mit Abstand die verrückteste, ekstatischste Musik, die Dylan seit seiner Tournee von 1966 in der Royal Albert Hall gemacht hatte, wo ihm die Verstärker abgeschaltet worden waren.

Die sich anschließenden Monate des Jahres 1976 und das ganze Jahr 1977 war er mit zwei Dingen beschäftigt: mit der Fertigstellung von *Renaldo und Clara* und den Scheidungsauseinandersetzungen. Der leichtere Teil war sicher der Film. Dylan und Howard Alk kamen mit der Zusammenstellung des Materials gut voran, das sie von dem ursprünglich von Dylan vorgesehenen Acht-Stunden-Film auf vier Stunden zusammenschnitten. In den Streifen ließ Dylan offensichtlich seine Erfahrungen mit den Studien bei Norman Raeben einfließen, denn er trieb endlose Spielchen mit der Identität und der Chronologie. Dylan war offenkundig Renaldo (obwohl Ronnie Hawkins Dylan spielte) – aber wer war Clara? War es Joan Baez oder Sara? Oder waren es beide, jeweils zu verschiedenen Zeiten? Man hat behauptet, Themen und Techniken des Films seien von Robert Graves und Marcel Carné beeinflußt gewesen; Dylan selbst nannte nur Cézanne als Vorbild. »Ich interessiere mich nicht für den vordergründigen Plot, sondern für das Material, mit dem ich arbeite – Farben, Bilder, Töne«, sagte er. Aber davon wollten die großen Filmstudios nichts wissen, und so mußte Dylan praktisch den ganzen Film aus seinen Tournee-Einnahmen selbst finanzieren. Doch auch bei der Kritik und dem Publikum stieß so ein Film auf Ablehnung, und als er im Januar 1978 in New York und Los Angeles uraufgeführt wurde, verriß man ihn zuerst, und dann blieben die Kinos leer. Pauline Kaels vernichtende Kritik im *New Yorker* trug die ironische Überschrift »Das Golgatha-Konzert«, und das klang noch freundlicher als die meisten anderen Verrisse. James Wolcott in der *Village Voice* schrieb, es sei die Rache des Künstlers an seinen Groupies. Der Film wurde noch einmal in Minneapolis gezeigt, dann verschwand er endgültig

RONALD GRANT ARCHIVE

DER ZWEITE TEIL DER TOURNEE BEGANN IM FRÜHLING IN FLORIDA, UND DANN GING ES WEITER NACH ALABAMA, MISSISSIPPI, LOUISIANA, TEXAS, OKLAHOMA, COLORADO UND UTAH.

aus allen drei Städten und war nie wieder in Amerika zu sehen. Die Reaktion in Europa war zwar besser, aber das reichte bei weitem nicht aus, das Kapital, das Dylan in das aufwendigste Heimkino aller Zeiten investiert hatte, jemals wieder einzuspielen.

Zu den herausgeschnittenen Sequenzen gehörte auch eine, die in einen anderen Film Eingang fand: ein Auftritt Dylans in *The Last Waltz*, Martin Scorseses kunstvollem Dokumentarfilm über das Abschiedskonzert der Band am 25. November 1976 im Winterland in San Francisco. Dylan trat zusammen mit Van Morrison, Muddy Waters, Dr. John, Joni Mitchell, Neil Young und Neil Diamond auf und spielte *Baby Let Me Follow You Down* (ein Hit auf der Tournee von 1966), *Hazel, I Don't Believe You* sowie *Forever Young*, ehe er beim Finale zusammen mit den anderen *I Shall Be Released* anstimmte.

Verglichen mit *Renaldo und Clara* war die Scheidung wirklich kein Kinderspiel und beschäftigte 1977 die teuersten Anwälte. Dylan und Sara ergingen sich in wechselseitigen Vorwürfen, die von mehrfachem Ehebruch (durch ihn) bis zu tätlichem Angriff und zur Körperverletzung (durch beide) reichten, wobei jeder sich Vorteile für die finanzielle Regelung und für das Sorgerecht für die vier gemeinsamen Kinder – Jesse, Anna, Samuel und Jakob – sowie Maria, Saras Tochter aus erster Ehe, zu erstreiten hoffte. Sara hatte ihn schließlich verlassen, als sie eines Morgens in ihrem Haus in Malibu zum Frühstücken gekommen war und eine

andere Frau am Tisch vorgefunden hatte. Ganz egal, bei wem letztlich die Schuld lag – Dylan hat die Beziehung mit einem bewegenden Nachruf bedacht: »Die Ehe war ein Fehler. Mann und Frau waren ein Fehler, aber Vater und Mutter waren keiner... Ich glaube an die Ehe.« Als die Scheidung im Dezember 1977 vollzogen war, erfuhr die Öffentlichkeit nichts über die Bedingungen.

Etwa um die Zeit, als Scheidungsauseinandersetzung und Filmaufnahmen auf das Ende zustrebten, verpflichtete Dylans neuer Manager Jerry Weintraub ihn für eine Fernost-Tournee, deren Route bald auch auf Australien und Neuseeland ausgedehnt wurde und schließlich noch Europa und Nordamerika mit einschloß. Rob Stoner kam im Januar 1978 an die Westküste und bekam sechs Wochen Zeit, eine Band zusammenzustellen. Dylan, durch den Tod von Elvis Presley vor fünf Monaten zutiefst erschüttert, wollte offenbar eine ganz starke Show machen, für die Presleys Las Vegas-Orgien mit Big Band und Begleitsängern Vorbild sein sollten. Steven Soles und David Mansfield von der »Rolling Thunder«-Band waren noch zu haben: Stoner holte einen alten Freund, den Gitarristen Billy Cross, aus Schweden; der Schlagzeuger Ian Wallace (früher bei King Crimson) trat an Wyeths Stelle; drei Session-Musiker, Alan Pasqua, Steve Douglas und Bobbye Hall, spielten Keyboard, Saxophon und Percussion; schließlich kamen noch drei Begleitsängerinnen, Helena Springs, Jo Ann Harris

und Debbi Dye. Zusammen wurden neue Arrangements für seine bekanntesten Songs erarbeitet, zum Beispiel eine Reggae-Version von *Don't Think Twice* und eine Heavy-Metal-Instrumentierung von *Masters of War*.

In Japan nahm CBS/Sony die Shows im Tokyoter Budokan-Theater auf und brachte davon ein Doppelalbum heraus, das sogleich zum Sammlerstück in Amerika und Europa avancierte. Hier wurde – typisch für Dylan – wieder einmal genau das andere Extrem von dem gebracht, was bei der »Rolling Thunder Revue« geboten worden war. Nun bemühten sie sich um Eleganz und Genauigkeit, und jeder Song war etwas Besonderes. Da spielte eine Show-Band, und auf der Doppel-LP *Bob Dylan at Budokan* hört Dylan sich an,

ZEHN JAHRE NACH DER HEIMLICHEN TRAUUNG GING DYLANS EHE MIT DER FRAU, DIE ER EINMAL »EINE MADONNA« GENANNT HATTE, AUF HÄSSLICHE WEISE IN DIE BRÜCHE. WORAUF SICH BEIDE IN LANGWIERIGEN SCHEIDUNGSVERHANDLUNGEN SCHLIESSLICH EINIGTEN, IST ALLERDINGS BISLANG NICHT BEKANNT GEWORDEN.

als ob er Cover Versions zum besten gäbe: höflich, zurückhaltend, distanziert.

Als die Truppe nach dem fernöstlichen Teil der Tournee im Mai wieder in Kalifornien war, nahm sie – nun mit Jerry Scheff am Baß, während Carolyn Dennis für Debbi Dye eingesprungen war – eine Platte auf, die wieder etwas völlig anderes brachte. Statt sich noch einmal der *Budokan*-Form zu bedienen, gab Dylan bei *Street-Legal* der Band sorgfältig erarbeitetes eigenständiges Material an die Hand. Einige dieser Stücke künden von seinen größten Stärken, vor allem das atmosphärische *Señor (Tales of Yankee Power)* und das gnadenlose *Changing of the Guard,* eine komplexe, vom Tarot inspirierte Erzählung, die in einer reiferen Version seiner rebellischen Parolen von *The Times They Are A-Changin'* gipfelte: »Gentlemen, he said, I don't need your organization/ I've shined your shoes, I've moved your mountains and I've marked your cards...« Jetzt war der Sound der Band absolut rund, allen voran das durchdringende Tenorsaxophon von Steve Douglas, einem Session-Veteranen aus Los Angeles, der in den frühen sechziger Jahren die Solos auf

DIE ROLLING-THOUNDER-TOURNEE HATTE DYLAN APPETIT AUF DAS UNTERWEGSSEIN GEMACHT. 1978 GING ER MIT EINER BIG BAND AUF WELTTOURNEE, UND DAMIT LIESS ER SICH AUF EINE ROUTINE EIN, DIE ER KAUM BEEINFLUSSEN KONNTE.

145

GEGENÜBERLIEGENDE SEITE:
AM 1. JULI IN NÜRNBERG TRAT AUCH
ERIC CLAPTON AUF UND SPIELTE
BEI DEN ZUGABEN GITARRE.

IN DEN VERANSTALTUNGEN VON 1978
SPIEGELTE SICH RAFFINIERT SEINE
GANZE KARRIERE WIDER. IN EUROPA
ENDETEN DIE KONZERTE ALLESAMT MIT
EINEM STÜCK, DAS DAS PUBLIKUM
EINFACH HINRISS – EINER AKUSTISCHEN
SOLOVERSION VON *THE TIMES THEY
ARE A-CHANGIN'*.

den Hits von Duane Eddy und Phil Spector gespielt hatte.

Die Musiker waren bereits siebenmal hintereinander im Universal Amphitheater in Los Angeles aufgetreten, als sie nach England aufbrachen, wo Bob Dylan in London seine ersten Konzerte geben würde, seit jemand ihn dort »Judas« geschimpft hatte. Die Stimmung unter den 7000 Menschen in Earl's Court am ersten von sechs Abenden war zum Zerreißen gespannt, doch Dylan übertraf all ihre Erwartungen in seinem aus achtundzwanzig Songs bestehenden Programm – er begann mit Tampa Reds altem *Love Her with a Feeling* und sang nur zwei Songs (*Baby Stop Crying* und *Señor*) aus dem noch nicht erschienenen Album

147

AUCH DER ROCKVETERAN DER
SECHZIGER JAHRE, ERIC CLAPTON,
FAND TROST IN DEN RITUELLEN
ABLÄUFEN DES TOURNEELEBENS: VOM
FLUGZEUG IN DIE LIMOUSINE/IN DIE
GARDEROBE/AUF DIE BÜHNE/IN DIE
LIMOUSINE/INS HOTEL/IN DIE
LIMOUSINE/ZUM FLUGZEUG…

VOR DEM OPEN-AIR-KONZERT MIT
GRAHAM PARKER HINTER DER BÜHNE
DES AERODROMS VON BLACKBUSHE,
WO AM 15. JULI DIE EUROPATOURNEE
ZU ENDE GING.

DIESER AUFTRITT GEHÖRT NACH
ALLGEMEINER ANSICHT ZU DYLANS
BESTEN VORSTELLUNGEN. AUCH
CLAPTON TRAT WIEDER AUF UND
SPIELTE FOREVER YOUNG.

Street-Legal. Dylan sah blendend aus, und während er die Band selbstbewußt durch das in schnellem Tempo vorgetragene Programm führte, blitzten die Leuchtstreifen an den Seitennähten seiner dunklen Hosen – vielleicht eine gewollte Reminiszenz an Presleys Las Vegas-Kostüme. Nur wenige hatten etwas gegen dieses vermeintliche Plädoyer für ein neues Wertesystem des Showbusiness, im Grunde versuchte Dylan wieder einmal nur etwas Neues auszuprobieren – jedenfalls war das Ganze durch die auf seinen europäischen Konzerten gespielte Version von *Like a Rolling Stone* völlig gerechtfertigt. Seit der ziemlich glatten *Budokan*-Fassung

hatte er diesen Song doch erheblich weiterentwickelt. Nun wurde jeder Vers geradezu ekstatisch neu betont, wozu auch die Begleitsängerinnen beitrugen. »You've gone to the finest school all right Miss Lonely/But you know you only used to get – *juiced in it*.«

Deutschland, Frankreich und Skandinavien waren die nächsten Stationen der Tournee, und überall gab es begeisterte Reaktionen, bevor die Truppe wieder ins Blackbushe Aerodrome nach Surrey zurückkehrte und dort am 15. Juli ein Open-Air-Konzert vor 200 000 Leuten veranstaltete. Und hier gab Dylan alles, was er den Fans auf der Isle of Wight schuldig geblieben war: drei-

unddreißig Songs, darunter auch Sam Cookes *A Change Is Gonna Come* und Paul McCartneys *The Long and Winding Road* sowie sechs Stücke aus *Street-Legal.*

Zu Hause in Amerika war man nicht so begeistert. Den Kritikern paßte der Las-Vegas-Stil der Show nicht, und Dylan hatte sich wieder einmal zu rechtfertigen, daß er auf der Suche nach etwas Neuem sei. An einem Abend im November 1978, er hatte bereits zwei Monate Amerika-Tournee absolviert, fühlte er sich ausgesprochen deprimiert. Und so kam es zu einer erneuten Wende in seinem Leben, die in einem Hotelzimmer in Tucson in Arizona begann.

WÄHREND DIE AUFTRITTE DER
TOURNEE IN EUROPA NAHEZU
EINHELLIG BEIFALL FANDEN, GAB ES ZU
HAUSE VÖLLIG ANDERE REAKTIONEN.
ALS DIE AMERIKANISCHEN KRITIKER DIE
GROSSE BESETZUNG UND DYLANS
BÜHNENKOSTÜME SAHEN, WARFEN SIE
IHM VOR, ER WOLLE LAS VEGAS
IMITIEREN.

# 7. Gospelpflug

*» Die Leute*

*suchten nach*

*einem Grund,*

*mich zu*

*verreißen. «*

 Als er Mitte November in San Diego aufgetreten war, hatte jemand aus dem Publikum ein kleines Silberkruzifix auf die Bühne geworfen – so etwas erleben Popstars immer wieder, und Dylan ließ solche Dinge gewöhnlich einfach liegen. Diesmal allerdings hatte er das kleine Silberkreuz aufgehoben und in die Tasche gesteckt, und als er sich ein paar Nächte später in seinem Hotelzimmer in Tucson deprimiert fühlte und ihn das Leben insgesamt anwiderte, griff er in seine Tasche und fand das kleine Kreuz darin. Und in diesem Augenblick – so erzählte er es jedenfalls später – erlebte er, der einst einer der gotteslästerlichsten Skeptiker auf Erden gewesen war, seine Wiedergeburt.

»In diesem Zimmer fühlte ich auf einmal die Anwesenheit von jemand, es konnte nur Jesus gewesen sein«, sagte er. »Jesus legte seine Hand auf mich. Es war rein physisch. Ich habe das gespürt... Ich habe gespürt, wie mein ganzer Körper zitterte. Der allmächtige Gott hatte mich niedergestreckt und mich wieder aufgehoben.« Möglicherweise hatte zu diesem Erweckungserlebnis sein Kontakt mit mehreren Mitgliedern der Born Again Christians in seiner Tourneeband beigetragen, vor allem

T-Bone Burnett. Seine neue Freundin Mary Alice Artes nahm Verbindung zur Vineyard Fellowship in Los Angeles auf, deren Oberhaupt zwei seiner Geistlichen nach Malibu schickte, um mit Dylan über sein Erlebnis zu sprechen. Und bald darauf hatte sich der Sänger für einen Dreimonatskurs, vier Tage pro Woche, in der Schule der Jüngerschaft dieser freikirchlichen Gemeinde eingeschrieben.

Die Konversion zum Christentum verschaffte dem aus einer jüdischen Familie stammenden Dylan ein wenig Erleichterung von den Belastungen, die ihn rasch altern ließen, seit er vor mehr als drei Jahren wieder begonnen hatte, auf Tournee zu gehen. Er widmete sich hingebungsvoll dem neuen Studium und vertraute den Lehren der Geistlichen, das Ende der Welt sei nahe. Nach kurzer Zeit hatten diese Lehren auch Eingang in sein Songschreiben gefunden. Im Mai begann er an einer neuen LP zu arbeiten, die seine derzeitigen Interessen widerspiegeln sollte. Für diese Aufgabe stellte er ein völlig neues Team zusammen. Der Produzent seiner Wahl war Jerry Wexler, der Doyen des Rhythm-and-Blues-Programms bei Atlantic Records in den fünfziger und sechziger Jahren. Der geniale Wexler, zu dessen überragenden Erfolgen die

Produktion der besten Platten von Ray Charles sowie das Comeback von Aretha Franklin gehörten, war der Typ Produzent, der gern die besten Musiker zusammenbrachte und sie dann gewähren ließ. Die Aufnahmesitzungen fanden in Wexlers Lieblingsstudio, im Muscle Shoal Sound am Tennessee River in Alabama statt. Dafür holte Wexler sich seinen alten Freund Barry Beckett (Keyboardspieler bei der großartigen Muscle Shoals-Rhythmusgruppe) als Koproduzenten, und dann hatte er noch eine tolle Idee: Er lud zusätzlich zwei Leute von den Dire Straits ein, einer neuen britischen Gruppe, deren zweite LP er produziert hatte.

Die Dire Straits waren zwar auf der gleichen Begeisterungswelle wie die englischen Punkgruppen nach oben gekommen, aber ihre Musik blieb doch den Werten des ursprünglichen amerikanischen Rhythm-and-Blues und der Countrymusik verpflichtet. Mark Knopfler, ihr Leader, war einer der exzellentesten Gitarristen der letzten Jahre, ein Meister der unprätentiösen melodischen Improvisation. Außer Knopfler und dessen Schlagzeuger Pick Withers holte Wexler noch den erfahrenen Baßgitarristen Tim Drummond von Ry Cooders Band. Die Muscle Shoals Horns sowie ein Vokaltrio – Helena Springs, Carolyn Dennis und

Regina Havis – vervollständigten das Ensemble. Wer die Arbeit des Sängers mit Aufmerksamkeit verfolgt hatte, erinnerte sich daran, daß Dylan sich nicht nur für Folk- und Bluesmusiker, sondern auch für Gospelchöre interessiert hatte in all den Jahren, in denen er musikalische Stile wie ein Schwamm aufsaugte.

Als *Slow Train Coming* im August 1979 herauskam, war Dylans Publikum ebenso erstaunt wie es Wexler, Knopfler und die anderen gewesen waren, als sie die Songs zum erstenmal bei den Probedurchgängen in den Muscle Shoals Studios gehört hatten. Die Botschaft von *Gotta Serve Somebody, When He Returns* und *When You Gonna Wake Up* war unüberhörbar und erinnerte in ihren strengen Appellen an die ältesten religiösen Fundamentalisten. Es gab keinen Ausweg – Rechtschaffenheit war der einzige Weg zum Seelenheil. Die Musik war Funk vom Feinsten, besser konnten Wexler und seine Kollegen es nicht machen: Einige der Stücke besaßen eine ostinate Baßlinie, die Dylan ebenso entgegenkam wie der sparsamen Untermalung von Knopflers unübertroffener Stratocaster. Gleichwohl hatten Zyniker nur ironisches Mitleid für Dylans neue Mitstreiter übrig: Man stelle sich doch einmal vor, man dürfe in einem Bob-Dylan-Album dabei sein – und habe dann nichts weiter zu spielen als so ein Kindergottesdienstliedchen wie *Man Gave Names to All the Animals* statt eines echten Bob-Dylan-Songs wie, sagen wir mal, *Stuck Inside of Mobile with the*

*Memphis Blues Again.* Die Kritik reagierte zwiespältig: warmherziges Lob vom Herausgeber des *Rolling Stone,* einem langjährigen Förderer, der immer wieder die Ansichten seiner eigenen Kritiker revidiert hatte – unverhohlene Verachtung von der neuen Journalisten-Generation beim *New Musical Express,* die sich eindeutig am Punk orientierten.

Im November ging Dylan mit den neuen Stücken auf Tournee, die mit vierzehn Shows im 2000 Plätze fassenden Fox-Warfield Theater in San Francisco begann. Zweifellos bewirkte die intensive Unterstützung durch die zahlreichen amerikanischen Born Again Christians, die natürlich eifrig die öffentliche Konversion eines jüdischen Atheisten propagierten, daß *Slow Train Coming* gute Plätze in den Charts belegte. Und Dylan war doch ziemlich stolz darauf, daß er während einer zweistündigen Show ausschließlich religiöse Songs vortragen konnte (was natürlich auch hieß, daß er unter Druck noch ein paar mehr schreiben mußte). Auf dem Papier war die Band dieser Tournee vielleicht die beste jemals von ihm geleitete: Spooner Oldham, Autor mehrerer klassischer Soul-Songs, und Willie Smith (an den Keyboards), David Lindley und Fred Tackett (Gitarre), Tim Drummond (Baß), Jim Keltner (Schlagzeug) sowie der jamaikanische Perkussionist Ras Baboo vereinigten in ihrem Spiel auf überragende Weise Flair und Erfahrung. Allerdings war es nicht überraschend, daß bei diesen und den folgenden Shows einige Leute im Publikum wegen des völligen

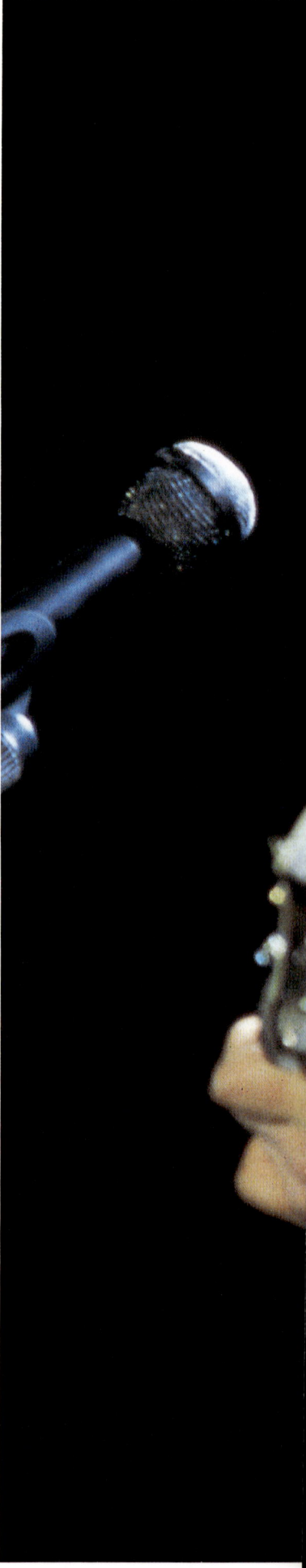

ALS DYLAN ENDE 1979 MIT SEINER STARK VOM GOSPEL SONG GEPRÄGTEN MUSIK AUF TOURNEE GING, WOLLTE ER MIT SEINEM FRÜHEREN REPERTOIRE NICHTS MEHR ZU TUN HABEN. EIN JAHR SPÄTER WAR SEINE EINSTELLUNG ALLERDINGS ETWAS GEMÄSSIGTER – ER MISCHTE WIEDER ALT UND NEU.

Fehlens von Songs aus der Zeit vor seiner Konversion aus der Fassung gerieten, zumal Dylan seine Absichten noch dadurch unterstrich, daß er zwischen den Songs lange, fanatische Predigten hielt. Das Echo war zwar gemischt, aber keineswegs so feindselig, wie es die eher unfreundlichen Zeitungsartikel suggerierten.

Im Februar 1980 nahm Dylan an der Verleihung der Grammy Awards teil und erhielt für *Gotta Serve Somebody* den Best Male Rock Vocal Award – der erste Grammy-Preis für einen Künstler, der mit *Like a Rolling Stone, Blonde on Blonde* und *Blood on the Tracks* zuvor bedeutendere Stücke geschrieben hatte. Vor und nach dieser Preisverleihung gab es Sessions für die neue LP *Saved,* für die er wieder mit dem Team Wexler/Beckett und dem harten Kern der Tournee-Band in die Muscle Shoals Studios zurückkehrte. Dieses Album war abgeklärter als *Slow Train,* profitierte vor allem von Spooner Oldhams sensiblem Orgelspiel und schien eine weniger fundamentalistische Philosophie zu verkünden: Dem bilderreichen Song *In the Garden* merkte man deutlich das intensive Studium des Neuen Testaments an. Die Sängerinnen harmonierten viel besser miteinander – Helena Springs, seine Geliebte während der Arbeit an *Street-Legal,* war von der neuen Freundin Clydie King abgelöst worden, die früher bei den Raelets von Ray Charles aufgetreten war. Und am Schluß eines langsamen Songs mit dem Titel *What Can I Do For You?* ließ er plötzlich ein wunderbar intensives Mundhar-

monikasolo vom Stapel, dessen packende, schlingernde Phrasierung sowohl an das überaus chromatische Spiel von Stevie Wonder erinnerte als auch an die komplexen Klanggebilde, die Dylan selbst in den Konzerten von 1965 zum besten gegeben hatte.

Auf dem Cover von *Saved* war die Hand Gottes zu sehen, wie sie sich den Händen der Menschen nähert – ein knalliges Michelangelo-Pasticcio von Tony Wright, einem englischen Grafiker, der auch das Cover zu Bob Marleys *Natty Dread* geschaffen hatte. (Als Dylans Freund Sam Shepard ihn in den späten achtziger Jahren fragte, wen er zu seinem Bedauern nie kennengelernt hätte, erwiderte Dylan ohne Zögern: »Bob Marley.«) Die LP kam im Sommer heraus, brachte es aber im Verkauf nicht wie *Slow Train* zu Platinehren, und Dylan bemängelte später selbst die Qualität der Endmischung.

Nach einer fünfmonatigen Pause begann er im November wieder im Fox-Warfield-Theater eine neue Tournee, und diesmal trug er neben den religiösen Geschützen auch ein paar alte Songs vor. Bei den Shows in San Francisco traten auch Gäste auf, darunter auch zum letztenmal Mike Bloomfield (der Held von *Like a Rolling Stone* während des Newport-Konzerts 1965), der ein paar Wochen später, im Februar 1981, an einer Überdosis Heroin starb.

Im April nützte Dylan eine weitere Tourneepause für die Aufnahmen zu seiner nächsten LP *Shot of Love,* bei der neben der Tourneeband auch Gäste mitwirkten: Steve Douglas am

Tenorsaxophon, der Gitarrist Danny Kortchmar, Benmont Tench (von Tom Pettys Heartbreakers) an den Keyboards, Ringo Starr am Schlagzeug, der Gitarrist Ron Wood sowie Duck Dunn am Baß. Chuck Plotkin, ein erfahrener Toningenieur, der als einer der Koproduzenten von Bruce Springsteen gearbeitet hatte, unterstützte Dylan bei der Leitung der Sessions. Nur für den Titelsong gesellte sich zu den beiden noch Bumps Blackwell, der Produzent der klassischen Aufnahmen von Little Richard Mitte der fünfziger Jahre, dessen Songs es Dylan mehr als alle anderen angetan hatten. (»Auch wenn er nur einen Song produzierte«, sagte Dylan später über die Zusammenarbeit mit Blackwell, »würde ich doch sagen, daß er der beste aller Produzenten war, die ich je gehabt habe, derjenige, der sich am meisten auskannte...«)

Nüchtern betrachtet schien Dylan in dieser religiösen Phase die künstlerische Puste auszugehen, denn die LP enthielt nur einen wirklich herausragenden Song, die langsame, wunderschöne Hymne *Every Grain of Sand,* die die unendliche Liebe des Herrn auch für die unbedeutendsten Geschöpfe besingt (»Ich hatte das Gefühl, als würde ich bloß Worte niederschreiben, die von irgendwo anders herkamen«, erklärte Dylan). Bei diesem Song spielten Bob Dylan und Clydie King eine herrlich sanfte Melodie. Doch insgesamt gesehen fehlte diesem Album der geistige Mittelpunkt – ein entscheidender Punkt, der sich später in diesem Jahrzehnt noch gewaltig bemerkbar machen sollte.

DIE PRESSEKONFERENZEN WAREN FÜR IHN NOCH IMMER EINE REGELRECHTE TORTUR. INZWISCHEN FRAGTE MAN IHN NICHT MEHR NUR, OB ER WIRKLICH SEINE PROTESTSONGS WORTWÖRTLICH NEHME, SONDERN OB ER WIRKLICH AN GOTT GLAUBE. »ES GAB IMMER ETWAS, WAS DEN LEUTEN NICHT PASSTE«, ANTWORTETE ER EINMAL EINEM INTERVIEWER. »DARAN BIN ICH SEIT MEINER GEBURT GEWÖHNT.«

NACH DER EUPHORISCHEN BEGEISTERUNG VON 1978 GILT SEINE EUROPATOURNEE VON 1981 ALLGEMEIN ALS TIEFPUNKT. AM 12. JULI KAM DIE TRUPPE NACH KOPENHAGEN, WO REGINA HAVIS (LINKS), EINE DER DREI BEGLEITSÄNGERINNEN, IHR ÜBLICHES SOLO HATTE: *TILL I GET IT RIGHT.*

»Die Leute suchten nach einem Grund, mich zu verreißen«, kommentierte Dylan die Reaktion der Kritik auf *Shot of Love.* Doch in Wirklichkeit waren die Leute einfach diese Predigten leid, ebenfalls den Sound der Gospelsängerinnen, die hinter ihm herjaulten – ohne den Phantasiereichtum echter Gospel-Gruppen wie die Soul Stirrers oder die Dixie Hummingbirds. Diese Sängerinnen waren eigentlich nie ein organischer Bestandteil von Dylans Musik, zumindest nicht in den Augen vieler seiner Fans, die seine Stimme lieber allein gehört hätten. Natürlich war Dylan wegen der negativen Resonanz gekränkt, die diese Sängerinnen fanden. Als das junge Publikum – wie so oft – bei der Nummer mit den Sänge-rinnen buhte, verglich er seine Zuhörer mit den engstirnigen Leuten, die ihn 1965 und 1966 verhöhnt hatten. Aber die Sängerinnen spiegelten im Grunde nur wider, was viele als Dylans Verlust an Spontaneität und echtem Gefühl ansahen, den er durch seinen Formalis-mus im musikalischen wie text-lichen Sinne wettzumachen versuchte.

Seine Tournee-Auftritte in Europa Mitte 1981 waren alles andere als ein Triumph. In Paris, wo die CRS-Spezial-truppe der Polizei mit den Nachkömmlingen der Achtund-sechziger, die zu den Klängen von *Blonde on Blonde* Straßen-schlachten inszeniert hatten, Katz und Maus spielte, bewies Dylan, wie vielfältig seine Stimme sein konnte, aber

Keine vier Jahre nach seinem Erweckungserlebnis in einem Hotelzimmer in Tucson überraschte er seine Fans mit Fotos, auf denen er eine Jarmulke bei der Bar-Mizwa seines Sohnes Jesse in Jerusalem trägt. Sofort hiess es, er habe sich den Lubavichers, einer jüdisch-orthodoxen Sekte, angeschlossen.

damit brachte er das Stade de Colombes auch nicht in Aufruhr. Ein paar Abende später wurde das Publikum in Earl's Court beim Gospelprogrammteil immer unruhiger, und die Stimmung besserte sich auch nicht viel, als Dylan selbst zu einem nichtssagenden Vortrag die Bühne betrat, der seinen Tiefpunkt mit dem schwachen *Lenny Bruce* von der LP *Shot of Love* erreichte, einem Song von unglaublicher Banalität. Wie konnte Dylan nur diesen Song, der solche Verse enthielt wie »Lenny Bruce is dead but he didn't commit any crime/ He just had the insight to rip off the lid before its time«, in eine LP wie *Shot of Love* aufnehmen, die dann für Songs wie *Caribbean Wind* keinen Platz mehr hatte? Wenn er früher Stücke wie *Percy's Song* und *I'll Keep It with Mine* nicht

in ein Album aufnahm, dann lag es daran, daß er zu viele gute Stücke hatte. Davon konnte nun keine Rede mehr sein.

Als im November die *Shot of Love*-Tournee vorbei war, zog er sich für eine Weile zurück. Offenbar war es wieder einmal höchste Zeit, Bilanz zu ziehen, und das hieß für fast das ganze Jahr 1982 sein geistiges Leben neu zu ordnen. Musikalisch rührte sich kaum etwas: Es kamen keine neuen Songs heraus, er gab keine Konzerte – abgesehen von einem Friedensbenefizkonzert mit Joan Baez im März in Pasadena. Die meiste Zeit verbrachte er auf seiner Farm bei Minneapolis, die er nur verließ, um andere, neue Leute zu treffen, vor allem The Clash und Elvis Costello. Also wieder ein verlorenes Jahr. Diesmal allerdings brodelte es kaum noch in der Gerüchteküche – nur am Jahresende ein wenig, als es hieß, er würde sich erneut für seine jüdischen Wurzeln interessieren.

Im April 1983 ging er mit seinem neuen Produzenten Mark Knopfler ins Power Station Studio nach New York. Angeblich hatten Frank Zappa, David Bowie und Elvis Costello den Producerjob abgelehnt, aber Knopfler, der seit dem Debüt der Dire Straits vor fünf Jahren jeden Trick der Studiotechnik beherrschte, war eigentlich der richtige Mann. Mit ihm kamen noch der Gitarrist Mick Taylor (der bei den Rolling Stones der erste Ersatz für Brian Jones gewesen war), Alan Clark, der Keyboarder der Dire Straits, sowie der bedeutende jamaikanische Rhythmusgruppenbassist Robbie Shakespeare und der Schlagzeuger Sly Dunbar, der für die eigentliche Power bei zahlreichen Reggae-Hits gesorgt hatte.

Als die LP *Infidels* im Mai 1983 herauskam, hatte sie einen starken Start. Der erste Song, *Jokerman,* signalisierte eine Rückkehr zu Versen voller Träume, Visionen und Symbole und beeindruckte durch ein vorwärtstreibendes Arrangement, vor allem dank Knopflers Leadgitarre und Dylans Mundharmonika. Noch acht oder

neun solcher Songs, und Bob Dylans Karriere hätte wieder neuen Antrieb bekommen. Leider waren die Songs, die das hätten bewirken können, gewissermaßen auf dem Boden des Schneideraums liegengeblieben – teilweise deshalb, weil Knopfler frühzeitig wegen eines anderen Engagements ausschied und nicht mehr zur endgültigen Mischung und Auswahl zurückgeholt wurde. Dafür waren Songs wie *Union Sundown* zu hören, halbgares

Zeug, in dem der amerikanische Kapitalismus verdammt wurde, weil er die Leute dazu ermutige, die billiger produzierten Waren aus Südostasien statt der teuren heimischen Produkte zu kaufen, sowie *Neighbourhood Bully,* eine einfältige Verteidigung des israelischen Nationalismus. Erst die Raubpressungen förderten zutage, was den Fans entgangen war: zum Beispiel das hübsche *Something's Got a Hold of My Heart* (eine frühe

DYLANS ALTE KOLLEGEN LEVON HELM (MIT DER MANDOLINE, LINKS) UND RICK DANKO (NICHT IM BILD) HOLTEN IHN AM 16. FEBRUAR 1983 IM NEW YORKER LONE STAR CAFÉ AUF DIE BÜHNE.

Fassung von *Tight Connection to My Heart,* das ausschließlich für Empire Burlesque 1985 aufgenommen wurde), das texanisch-mexikanische *Tell Me,* das anrührende *Lord Protect My Child* und das sechsminütige *Foot of Pride,* ein aufreizender Blues mit einem Kick und einem dichten, komplexen und unverhüllt moralisierenden Text, der diesen Song zum jüngeren Gegenstück von *It's Alright, Ma* machte.

Das Stück jedoch, das die Sessions zu *Infidels* so legendär machte, war nach einem alten Bluessänger benannt: *Blind Willie McTell.* Dylan benutzte seinen Erzähler, der McTells Musik bewunderte, als Sprachrohr für eine sehr persönlich gehaltene Bestandsaufnahme der Nation. Es war gleichsam ein Rückgriff auf die instrumentalen Stilmittel des »Klagegesangs« in *Planet Wave,* Dylan spielte Klavier und Knopfler die Akustikgitarre – ein entspanntes Duett, das den Rahmen abgab für einen seiner leidenschaftlichsten Gesangsvorträge. Der Text schien die ganze Geschichte Amerikas wiederzubeschwören und eine bunte Welt voller Maultiere und Sklavenschiffe, Käuzchen und Plantagen herbeizuzitieren. Doch das war nur das Vorspiel für eine zerknirschte Schlußwendung, in der sich die progressive Stimme des Sängers zu Wort meldete, um sich selbst und die Zuhörer schlagartig in die Gegenwart zu katapultieren: »Well God's in his heaven/And we all want what's his/But power and greed and corruptible seed/Seem to be all that there is.« Und dann kam das abschließende Urteil über das, was wirklich ist und was nicht: »I'm gazin' out the window/Of the St James Hotel/And I know no one can sing the blues/Like Blind Willie McTell.« In keinem anderen Song beherrschte Dylan so souverän wie hier das Spiel mit den Zeitebenen, die er an europäischen Kunstfilmen so bewundert und mit denen er sich während seiner Studien bei Norman Raeben so intensiv beschäftigt hatte. Wenn es jemals einer Erklärung bedurft hätte, warum er sich solche Mühe mit der Technik der durchbrochenen Chronologie gegeben hatte – der eindrucksvolle Song *Blind Willie McTell* hätte als Hinweis völlig genügt. Hier hatte er eine unvergleichliche Vision, die von einer viel stärkeren moralischen Kraft erfüllt war als alles, was er auf seinen »religiösen« Platten gebracht hatte. Warum er ihn so lange in der Schublade behielt – bis zum Erscheinen von *The Bootleg Series Vols 1–3* im Jahre 1991 –, wird wohl für immer sein Geheimnis bleiben. »Er war eine Art episches Panorama«, sagte er, als man ihn darauf ansprach. »Aber als solches war er ja auch gedacht. Nur – für mich hat der Text diese epische Dimension nie wirklich erreicht. Er hat sich nie richtig entwickelt.« Zum erstenmal stand er mit seiner Meinung völlig allein da.

© GREG NOAKES/RETNA PICTURES

Der Gitarrist Mark Knopfler, den der Produzent Jerry Wexler 1979 zu den Sessions für die LP *Slow Train Coming* geholt hatte, war vier Jahre später Koproduzent des Albums *Infidels*. Bei diesen Aufnahmesitzungen wurden Dylans wichtigste Werke der achtziger Jahre aufgezeichnet. Knopfler erregte sich entsetzlich darüber, dass Dylan das Album ohne ihn mischte und dabei einige der besten Songs ausliess. Aber 1986 traten sie in Australien, wohin jeden seine eigene Tournee geführt hatte, wieder gemeinsam auf.

# 8. Lose Enden

© FIN COSTELLO/REDFERNS

»Manchmal komme
ich einfach nicht
dahinter, ob die
Leute glauben,
daß ich noch lebe
oder schon tot
bin.«

 Anfang 1984 begann für Bob Dylan das Videozeitalter, als er zur Verkaufsförderung von zwei Singles Videoclips machte: *Sweetheart Like You* und *Jokerman.* Eigentlich hätten die ersten paar Minuten von *Don't Look Back* vor zwanzig Jahren als erstes Rockvideo gelten können, als Dylan in einer Bühnengasse Stichworttafeln – sogenannte »Neger« – hochgehalten und ausgewechselt hatte, während *Subterranean Homesick Blues* gespielt

worden und Allen Ginsberg im Hintergrund herumgeschlendert war. Im Mai war er mit einer anderen neuen Band unterwegs, die für eine Tournee durch große europäische Stadien zusammengestellt worden war, und wo er gemeinsam mit dem Gitarristen Carlos Santana und – bei einem halben Dutzend Konzerten – mit Joan Baez auftrat. Dylan hatte sich Mick Taylor geholt, der einen anderen englischen Musiker, den Schlagzeuger Colin Allen, mitgebracht hatte. Ian MacLagen, der früher bei

MITTE DER ACHTZIGER JAHRE WAR DYLANS OFFENKUNDIGE FREUDE AM TOURNEE-DASEIN GETRÜBT, DA ER MÜHE HATTE, EINE ZUFRIEDENSTELLENDE TOURNEEBAND ZUSAMMENZUSTELLEN.

© GREG HELGESON

IM MAI 1984 WOHNTE DYLAN ZUSAMMEN MIT SARA DER ABSCHLUSSFEIER SEINER STIEFTOCHTER MARIA AM MACALESTER COLLEGE BEI. LINKS DAVID ZIMMERMAN, SEIN BRUDER.

© HERBERT KUEHN/REDFERNS

den Faces gewesen war, spielte Keyboards, und der einzige Amerikaner außer Dylan war der Baßgitarrist Greg Sutton. Die Proben entsprachen Dylans üblichem Schema, das hieß, Dutzende von Songs, die bei den Konzerten gar nicht vorkamen, wurden rasch heruntergespielt. Als die Musiker dann in Verona zur ersten Show gemeinsam die Bühne betraten, kannten sie im Grunde weder Dylan noch das Repertoire, mit dem sie sich erst im Laufe der Tournee vertraut machten. Tatsächlich klappte das Zusammenspiel erst nach drei Wochen einigermaßen, als sie nach Rom kamen. Dylan, ganz in Schwarz und mit voller Mähne, schien wieder ganz der alte zu sein und sich im Griff zu haben. Eine neue, radikal umgeschriebene Fassung von *Tangled Up in Blue* riß das Publikum von den Sitzen, selbst im weiten Rund des Palazzo dello Sport. Die sechswöchige Tournee endete in England mit Konzerten in Newcastle und im Wembley Stadion sowie in Slane Castle in Irland, wo sich ihnen kurz Van Morrison anschloß – der ebenfalls auf der Suche nach Erleuchtung war. Am Jahresende kam das Souvenir-Album *Real Live* heraus, ohne große Begeisterung hervorzurufen – die Platte hatte eigentlich nur einen Wert wegen des überarbeiteten und nun weniger persönlichen *Tangled Up in Blue,* wenigstens war der Komponist am Ende mit dem Ergebnis zufrieden.

Im Dezember begann Dylan mit der Arbeit an der LP *Empire Burlesque,* aber die Aufnahmesitzungen wurden Anfang 1985 unterbrochen – wegen eines

NACHDEM JOAN BAEZ IHRE BEZIEHUNG ZU DYLAN MIT ANRÜHRENDER WÜRDE IN IHREM SONG *DIAMONDS AND RUST* GESCHILDERT HATTE, GAB SIE WÄHREND IHRER EUROPATOURNEE 1984 MIT DYLAN UND CARLOS SANTANA FÜNF KONZERTE.

BEI DEM KONZERT AM 5. JULI IM ST. JAMES'S PARK IN NEWCASTLE WURDEN ZWEI STÜCKE FÜR *REAL LIVE* AUFGEZEICHNET. DAS EINZIG BEMERKENSWERTE AN DIESEM SOUVENIRALBUM IST EINE ÜBERARBEITETE VERSION VON *TANGLED UP IN BLUE*, EIN ZWEI TAGE SPÄTER IM WEMBLEY STADION AUFGENOMMENER SONG, WOBEI ER VON ERIC CLAPTON UND CHRISSIE HYNDE UNTERSTÜTZT WURDE.

Van Morrison war einer der Gaststars am 8. Juli beim Abschlusskonzert in Slance Castle in Irland. Der »Cowboy aus Belfast« sang mit ihm *It's All Over Now, Baby Blue* und seinen eigenen Song *Tupelo Honey*.

© JOHN HUME

spektakulären Projekts: *We Are the World,* ein amerikanischer Beitrag zu Bob Geldofs Band Aid-Aktion zur Hilfe für die Opfer der Hungersnot in Äthiopien. Dylan trat neben Lionel Richie, Ray Charles und Bruce Springsteen auf. Als *Empire Burlesque* schließlich herauskam, war es die schwächste LP, die Dylan je gemacht hatte. Sie enthielt eine Auswahl mittelmäßiger Songs, die mit verschiedenen Musikern an mehreren Orten aufgenommen worden waren – aber völlig daneben ging das Ganze insbesondere, weil sich am Ende noch ein modischer Discotechniker darüber hermachen durfte: Arthur Baker, dessen nichtssagende Bearbeitungen in schreiendem Kontrast zu dem standen, was Dylan musikalisch wie geistig vorschwebte.

Am 13. Juli waren London und Philadelphia die Schauplätze eines Spektakels, das via Fernseh-Satellit in die ganze Welt ausgestrahlt wurde und damit Geldofs Vision einer Wohltätigkeitsveranstaltung realisierte, an der niemand vorbeikam. Dylan sollte am Schluß des US-Beitrags der Live-Aid-Show auftreten. Und vor den Augen von Hunderten Millionen Menschen in aller Welt kam Dylan zusammen mit Ronnie Wood und Keith Richards auf die Bühne – drei heruntergekommene Zigeunergestalten, die aus einem anderen Universum heruntergebeamt worden zu sein schienen, begannen alsbald ziemlich schräge Versionen von *When the Ship Comes In, The Ballad of Hollis Brown* und *Blowin' in the Wind*

DYLANS BEWUSST PROVOKANT
VORGETRAGENER UND UMSTRITTENER
HINWEIS AUF DIE HUNGERSNOT DER
AMERIKANISCHEN FARMER BEIM
LIVE-AID-KONZERT, WAR DER
AUSLÖSER FÜR DIE FARM-AID-
KONZERTE. BEIM ERSTEN DIESER
KONZERTE IN CHAMPAIGN, ILLINOIS,
AM 21./22. SEPTEMBER, TRAT ER ZUM
ERSTENMAL MIT TOM PETTYS
HEARTBREAKERS AUF. SIE HATTEN EINE
WOCHE LANG ZUSAMMEN GEPROBT –
»EINE DER BESTEN ZEITEN, DIE ICH JE
ERLEBT HABE«, WIE PETTY SPÄTER
SAGTE.

© SIPA-PRESS/REX FEATURES

zu spielen. Ihr Benehmen konnte entweder als skandalös und verantwortungslos oder herrlich pervers gelten, je nachdem, auf welcher Seite man stand, und sie erhielten für diese schlampige Show böse Kritiken, obwohl sie doch zu ihrer Ehrenrettung hätten darauf hinweisen können, daß die Mithöranlage ihren Geist aufgegeben hatte und Dylan weder sich selbst noch die anderen richtig hören konnte. Dylan machte sich überdies auch nicht gerade beliebt, daß er *Hollis Brown* dazu benutzte, das Interesse der Zuhörer vom Elend der äthiopischen Hungeropfer abzulenken und auf die Opfer einer anderen landwirtschaftlichen Katastrophe hinzuweisen: die amerikanischen Bauern des Mittleren Westens. Ja, er schlug sogar vor, ihnen

einen Teil des Erlöses zugehen zu lassen – »bloß ein oder zwei Millionen« –, und obwohl man ihn als Spielverderber auspfiff, wurde durch seine spontane Initiative eine Farm-Aid-Bewegung ins Leben gerufen, die von Willie Nelson und John Cougar Mellencamp gesponsert wurde und schließlich genau das erreichte, was er vorgeschlagen hatte.

Im Juli besuchte Dylan Moskau und trat, einer Anregung des Dichters Jewgenij Jewtuschenko folgend, vor den Mitgliedern des sowjetischen Schriftstellerverbandes auf. Im September spielte er beim ersten Farm-Aid-Konzert zusammen mit Tom Petty und den Heartbreakers, zuvor hatten sie eine lange Probensitzung absolviert, die für Petty später »zu den schönsten

EIN LANGER WEG LAG HINTER DEM
JUNGEN AUS DINKYTOWN. HIER AM
26. JUNI 1986 AUF DER BÜHNE DES
METRODOMES VON MINNEAPOLIS
WÄHREND DES AMERIKANISCHEN
ABSCHNITTS DER TRUE-
CONFESSIONS-TOURNEE.

© 1991 JIM STEINFELDT

Als PR-Veranstaltung für die *Biograph*-Kassette, organisierte der Präsident der Columbia Records am 13. November 1985 im New Yorker Whitney Museum eine Riesenparty. Dylans fünfundzwanzigjähriges Karrierejubiläum und den Verkauf von fünfunddreissig Millionen Platten feierten unter anderem Lou Reed, Ian Hunter, Judy Collins und Billy Joel.

etwas vergessen hatte und selbst immer sein bester Kritiker gewesen war.

Während des zurückliegenden Jahres hatte Dylan eine gerichtliche Auseinandersetzung mit Albert Grossman, seinem ehemaligen Manager. Dieser hatte ihn auf eine Million Dollar Schadensersatz verklagt, worauf Dylan mit einer Gegenklage von über sieben Millionen Dollar reagiert hatte. Von den verschiedenen Verhandlungsrunden hatten nur die Anwälte profitiert und sich eine goldene Nase verdient. Der Prozeß wurde schließlich ausgesetzt, als Grossman am 25. Januar 1986 während eines Fluges nach London einen Herzanfall erlitt und starb.

Dylan und Tom Petty waren während des ersten Farm-Aid-Konzerts Freunde geworden, und im Februar brachen sie zu einer gemeinsamen Tournee auf, die bis Ende August dauerte und im darauffolgenden Jahr wiederaufgenommen wurde. Pettys Heartbreakers waren eine starke Band, aber in künstlerischer Hinsicht konnten beide Teile einander wenig befruchten, und deshalb gibt es von dieser Zusammenarbeit auch keine einigermaßen substantiellen Aufnahmen.

*Knocked Out Loaded,* eine weitere enttäuschende LP, kam im Juli heraus. »Es ist alles mögliche Zeug«, sagte Dylan vage, aber treffend. »Sie hat eigentlich kein Thema oder Anliegen.« Zwischen einer Handvoll von Bob-Dylan-Songs, die Bob Dylan nie wieder singen würde, gab es gemeinsame Arbeiten mit Carol Bayer Sager, Tom Petty und Sam

Zeiten, die ich je hatte«, zählte. Er setzte die Serie seiner politisch motivierten Auftritte fort, indem er bei »Miami« Steve Van Zandts *Sun City*-Aufnahmen mitmachte, einem Anti-Apartheid-Projekt. Und am 13. November gab Walter Yetnikoff, Präsident von Columbia Records, einen Abend im New Yorker Whitney Museum, bei dem Dylan in Anwesenheit von Robbie Robertson, Lou Reed, David Bowie, Pete Townshend und vielen anderen Rockveteranen mit Geschenken überhäuft wurde: Es war der 25. Jahrestag seiner Karriere, und zugleich sollte dieser Abend als Promotion für den Start von *Biograph* gelten, einer Kassette mit dreiundfünfzig Stücken, die seine ganze Story chronologisch dokumentierten. Der Kassette war ein Booklet beigegeben, das auf Interviews basierte, in denen Dylan so offen wie nie zuvor über sein Leben und seine Kunst gesprochen hatte und damit bewies, daß er kaum

DIE BEIDEN TOURNEEN TRUE
CONFESSIONS UND TEMPLES IN FLAMES
FANDEN EINE ZWIESPÄLTIGE RESONANZ.
AUCH IM AUFNAHMESTUDIO FUNKTE
ES NICHT SO RECHT ZWISCHEN DYLAN
UND PETTY.

Shepard. Shepards Stück, *Brownsville Girl,* war das Beste auf der ganzen LP: eine fesselnde, traumartige Erzählung von elf Minuten über einen Mann, der sich an einen Film mit Gregory Peck erinnert und daran, welche Gefühle dieser bei ihm in bezug auf eine Frau und eine gemeinsam unternommene Reise auslöste – so ähnlich jedenfalls. Die spektakuläre, mit viel Hall aufgenommene Produktion (mit einer riesigen Trommel, einer viel zu lauten Baßgruppe und den unsäglichen Gospel-Klageweibern) erstickte beinahe den komischen, grüblerischen Gesangsvortrag von Dylan, der wie der Song selbst ein besseres Arrangement verdient hätte. Die schlampige Aufmachung des Covers sprach allein schon Bände: In diesem Stadium interessierte sich offenbar niemand mehr für Bob Dylans Schallplattenkarriere, und Dylan selbst wußte wohl auch nicht so recht, wie er diese fördern sollte.

Daß er immer noch an seine Filmkarriere dachte, wurde im August klar, als er im Londoner National Film Theatre auf einer schwerfälligen Pressekonferenz ein Filmprojekt mit dem Titel *Hearts of Fire* ankündigte, in dem er einen abgehalfterten Rockstar der sechziger Jahre spielen sollte, neben dem jungen englischen Schauspieler Rupert Everett als jungem Rocker und einer unbekannten Schauspielerin namens Fiona Flanagan, die eine Frau darstellen sollte, in die sich beide Männer verknallt hatten. Als der in England und Kanada gedrehte Film (dessen Regisseur Richard Marquand unerwartet starb) im darauffol-

REX FEATURES

RICHARD MARQUANDS *HEARTS OF FIRE* STELLT DYLANS KÜNSTLERISCHEN TIEFPUNKT DAR. SOWOHL DIE PEINLICHE PRESSEKONFERENZ ALS AUCH DIE NUR EINE WOCHE DAUERNDE LAUFZEIT IN DEN KINOS KÖNNEN NUR ALS SCHLECHTER SCHERZ GEWERTET WERDEN.

DYLANS DESORIENTIERUNG IN DEN SPÄTEN ACHTZIGER JAHREN SPIEGELTE SICH IN EINER REIHE VON MISERABEL KONZIPIERTEN ALBUMS. WELCHE KÜNSTLERISCHE RICHTUNG BESTIMMTE EIGENTLICH DIE FADEN LPS *EMPIRE BURLESQUE, KNOCKED OUT LOADED* ODER *DOWN IN THE GROOVE?*

REX FEATURES

genden Jahr herauskam, lief er nur eine Woche lang in einem einzigen Londoner Kino und verschwand danach in den Videoregalen. Dylan hatte es nicht einmal geschafft, ein komplettes Soundtrack-Album zusammenzustellen, so daß er es einfach durch Cover-Versions ergänzen ließ.

Das Jahr 1987 begann damit, daß Dylan mit Michael Jackson eine Jam Session auf Elizabeth Taylors Geburtstagsparty in Burt Bacharachs Hollywood-Villa gab, und anschließend spielte er zum fünfzigsten Todestag Gershwins *Soon* auf einem Konzert an der Brooklyn Academy of Music. Im April trat er mit U2 in Los Angeles auf, und im Juli unternahm er als Leadsänger mit den Grateful Dead eine kurze Tournee durch einige größere amerikanische Stadien.

Diese Partnerschaft beruhte auf einer Idee, die ihm im vergangenen Jahr während einer Reihe vergnüglicher Jam Sessions auf der Tournee mit den Heartbreakers gekommen war – aber sie funktionierte leider nicht. Dylans anarchische Probentechnik stürzte die bestens aufeinander eingespielten alten Hippies in Verwirrung. »Es war nicht unsere beste Stunde, auch seine nicht«, sagte Mickey Hart, der Schlagzeuger der Dead. Ganz anders dagegen der Gitarrist Jerry Garcia: »Dylan hat Songs über Dinge geschrieben, die noch niemand vor ihm aufgegriffen hat. Und für mich hat das unheimlich viel Power. Und da er auch ein alter Folkie ist, schreibt er manchmal eine wunderbare Melodie. Er *singt* sie zwar nicht immer, aber sie

ist einfach da.« Die Live-LP, *Dylan and the Dead,* die rätselhafterweise erst über ein Jahr später herauskam, war eine unerquickliche Erinnerung an eine Zusammenarbeit, die man besser vergessen sollte. Mit einer Ausnahme: Sie enthielt – fast unbeachtet – eine Fassung des *Highway 61 Revisited-*Songs *Queen Jane Approximately,* der in seiner heruntergekommenen Erhabenheit dem »dünnen, wilden, quecksilbrigen Klang, so metallisch und strahlend wie Gold, mit allem, was man damit assoziieren kann« so nahe kam, wie es Kooper, Bloomfield, Robertson und Hudson möglich gewesen war. Da war er wieder: ein authentischer Dylan-Klassiker, den man sich immerfort anhören konnte, ein Anker in einem Meer von Schrott.

Am 20. Januar 1988 trat Bruce Springsteen – der einzige, der als »der neue Dylan« überlebt und von diesem Etikett sogar noch profitiert hatte – auf einer New Yorker Bühne ans Mikrofon und wandte sich an sein Publikum aus der Plattenbranche: »Als ich Bob Dylan das erste Mal hörte, fuhr ich mit meiner Mutter im Auto und hörte das Programm von WMCA, und auf einmal kam dieser Trommelschlag, der sich anhörte, als stoße jemand die Tür zu deinem Bewußtsein auf... Like a Rolling Stone. Meine Mutter – sie war kein Rock 'n' Roll-Muffel und mochte die Musik – hörte eine Minute lang ruhig zu, dann sah sie mich an und sagte: ›Der Junge kann nicht singen.‹ Aber ich war überzeugt, daß sie unrecht hatte. Ich saß da und sagte gar nichts, aber ich

DYLANS SECHS KONZERTE UMFASSENDE TOURNEE MIT DEN GRATEFUL DEAD IM JULI 1987 STIESS NAHEZU AUF EINHELLIGE ABLEHNUNG. ALLERDINGS FAND DIESES ABENTEUER SPÄTER EINE GEWISSE RECHTFERTIGUNG IN EINEM VORTRAG VON KLASSISCHEM ZUSCHNITT, DER IN DAS VIEL ZU SPÄT HERAUSKOMMENDE SOUVENIRALBUM AUFGENOMMEN WURDE.

wußte, daß ich der härtesten Stimme lauschte, die ich je gehört hatte... Dylan war ein Revolutionär. Bob befreite dein Bewußtsein, so wie Elvis deinen Körper befreit hatte. Er zeigte uns, daß Musik keineswegs antiintellektuell ist, nur weil sie von Haus aus etwas Physisches ist. Er hatte die Vision und die Begabung, einen Popsong zu machen, der das Problem der ganzen Welt ansprach. Er erschloß neue Ausdrucksmöglichkeiten für den Popsänger, er durchbrach die Grenzen künstlerischer Leistungsfähigkeit im Aufnahmestudio und veränderte das Gesicht des Rock 'n' Roll ein für allemal... Wo immer heute Rockmusik gemacht wird, Bob Dylan wirft seinen Schatten darauf... Ich bin heute abend nur hier, um danke zu sagen, zu betonen, daß ich ohne dich nicht hier wäre, nicht ein einziger hier in diesem Raum ist, der dir nicht seinen Dank schuldet, und um einen Vers aus einem deiner Songs zu klauen – ob dir das gefällt oder nicht: ›Du warst für mich der Bruder, den ich nie hatte.‹« Mit dieser Rede führte Springsteen einen sichtlich bewegten Dylan in die Walhalla des Rock 'n' Roll ein, wo ihm ein Platz neben den toten und lebenden Idolen zugewiesen wurde, die ihn via Radio vor dreißig und mehr Jahren inspiriert hatten.

Im Janur 1988 wurde Dylan in die Hall of Fame des Rock 'n' Roll aufgenommen, und Bruce Springsteen hielt zu seinen Ehren eine spritzige und brillante Rede. Dylan gab bei der Feier im New Yorker Waldorf Astoria Hotel *Like a Rolling Stone* und *All Along the Watchtower* – letzteres im Duett mit George Harrison – zum besten.

Die Original-Traveling-Wilburys:
Nelson (George Harrison), Lefty
(Roy Orbison), Lucky (Dylan),
Otis (Jeff Lynne) und Charlie
(Tom Petty).

© NEAL PRESTON/LONDON FEATURES INTERNATIONAL

Eines Tages im April rief ein anderes Idol aus dieser Walhalla an: George Harrison, der anfragte, ob er in Dylans Garage in Malibu ein Stück aufnehmen könnte. Er hatte zwar selbst keinen neuen Song geschrieben, brachte aber seinen Freund Jeff Lynne mit, den Leader von ELO – und da Lynne gerade in Los Angeles eine Produktion mit dem großen Veteranen Roy Orbison machte, waren sie bald zu viert. Dann rief Harrison Tom Petty an und bat ihn, ihm eine geliehene Gitarre zurückzugeben, und damit waren sie zu fünft: Das war die Geburtsstunde der Traveling Wilburys. Als die LP kurz vor Weih-

nachten herauskam, mit Pseudonymen für die Aktiven (Dylan nannte sich »Lucky Wilbury«), hatte man den Eindruck, als ob sie aus dem Running Gag in einem Tourneebus eine hübsche kleine Marketing-Idee der späten achtziger Jahre gemacht hätten, aber das Album hatte durchaus auch seine Stärken. Trotz Lynnes gefriergetrockneter Produktion glänzte Dylans *Tweeter and the Monkey Man* als vollkommenes Stück surrealistischer Erzählprosa, das sie in zwei Takes aufgenommen hatten. *The Traveling Wilburys Volume One,* eine Tour durch eine Themenauswahl des Rock 'n' Roll, warf nebenbei einige Hit-Singles ab

und wurde Dylans bislang einziges Doppel-Platin-Album. Unglücklicherweise starb ein paar Wochen nach dessen Erscheinen Roy Orbison – der nach vielen Jahren als in Vergessenheit geratener Oldie gerade eine furiose Zweitkarriere gestartet hatte – an einem Herzschlag in seinem Haus in Tennessee.

Ehe die *Wilburys* in den Charts nach oben kletterten, hatte Dylan die immer länger werdende Liste seiner Flops um eine neue LP erweitert. *Down in the Groove* schien aus nichts weiter als aus Abfallmaterial aus dem Schneideraum zu bestehen. Wer wollte denn schon wirklich Dylans farblose Version von Wilbert Harrisons alter Rhythm-and-Blues-Standardnummer *Let's Stick Together* hören? Doch wer beim Zuhören bis zum Schluß durchhielt, wurde dann doch mit einer Trilogie ernsthafter Stücke belohnt. In *Ninety Miles an Hour Down a Dead-End Street,* einem Country-Song über Ehebruch, für den er ein zurückgenommenes Tempo verwendete und sich von einem männlichen Gospelquartett begleiten ließ, gab er ein brillantes Beispiel für die feinfühlige Wiederbelebung einer Tradition zum besten, die Ry Cooder so berühmt gemacht hatte. Eine ausgelassene Version von *Shenandoah* – nur mit der Mandoline und der durchdringend geblasenen Mundharmonika instrumentiert – hatte einen ausgesprochenen Huckleberry-Finn-Charme. Schließlich beschwor *Rank Stranger* die Atmosphäre eines seltsam fremden provinziellen Amerika, wobei Dylans angestrengte Stimme mit einem gespannten

Baßecho korrespondierte, als käme sie aus den Tiefen eines Traums.

In den ersten zehn Jahren nach seiner Scheidung war Dylan mit einer Reihe von Frauen liiert: zu nennen sind insbesondere die Sängerinnen Helena Springs und Clydie King, die Schauspielerin Sally Kirkland sowie Carol Childs, eine Angestellte in David Geffens Plattenfirma in Hollywood. Doch seltsamerweise hatte der Autor von *Don't Think Twice* und *She Belongs to Me* seit *Blood on the Tracks* kein richtiges Liebeslied mehr geschrieben.

Von außen betrachtet schien Dylans Leben die Mitte zu fehlen. Wenn er zu Hause war, hielt er sich entweder in seiner Villa in Malibu auf oder auf seiner Farm bei Minneapolis. Aber im Grunde spielte sich sein Leben immer mehr auf Konzertbühnen ab – vor allem seit seine Abstecher ins Aufnahmestudio immer weniger relevant für seine künstlerische Entwicklung waren.

Zu dieser Zeit äußerte Dylan etwas Ungewöhnliches: »Manchmal komme ich einfach nicht dahinter, ob die Leute glauben, daß ich noch lebe oder schon tot bin.« Diese Bemerkung mag zwar flapsig und zynisch gemeint gewesen sein, dennoch kommt darin der ungeheure Druck zum Ausdruck, dem Dylan sich ausgesetzt sah und der einen Mann schon aus der Bahn werfen kann. Er erklärte aber auch, daß er sich eigentlich nicht beklagen könnte: »Ich hab's doch geschafft, nicht wahr? Ich hab' alles getan, was ich tun wollte. Und ich tu's noch immer.« Jetzt schien er

Trost in einer hektischen Aktivität zu finden, so sinnlos sie auch immer sein mochte.

Die Tourneereisen – auf denen er vor zwanzig Jahren fast umgekommen war – erwiesen sich als die beste Antwort auf die Probleme, mit denen er konfrontiert war: Er kam dahinter, daß er hier sowohl Bob Dylan sein als auch vor sich selbst fliehen konnte. Die Tourneen – das waren Hotelzimmer, Limousinen, Flughäfen, Sonnenbrillen, einseitige Duelle mit Journalisten: ein vertrautes Versteckspiel. Vielleicht gab es für seine Arbeit kein wirkliches Programm mehr, aber auf der Bühne konnte er alle Bob Dylans, die er je verkörpert hatte, zu einer Gestalt verschmelzen, in der er sich geborgen fühlte. In den achtziger Jahren sang er eines Abends in Paris zwei Stunden lang mit allen Stimmen, die er je zum besten gegeben hatte, kreuz und quer durch seine vokale Biographie, einfach so zum Spaß. Es war, als wolle er einen seiner Verse mit Leben füllen: »And I remember every face/Of every man who put me here...«

Er brachte es längst nicht einmal mehr auf die Verkaufszahlen, die in seiner Glanzzeit als mäßig gegolten hatten (und selbst damals hatte er nie an die Zahlen von Presley oder die der Beatles auch nur annähernd herangereicht), aber sein Bekanntheitsgrad schien unvermindert groß: Er war noch immer eine Kultfigur – für junge Mädchen, die an seinem Geburtstag seine Haustür belagerten, aber auch für brabbelnde akademische Grauköpfe, die Dylan-Seminare veranstalteten. Er umgab sich

nun mit Wächtern und Bodyguards, die den Kontakt mit seinen Freunden wie mit seinem Publikum verhinderten – auch wenn sie bei weitem nicht so effektiv waren wie Dylan selbst in seiner Verschlossenheit und Unzugänglichkeit, er konnte an seinen eigenen Proben teilnehmen, ohne ein einziges Wort zu verlieren und vor jedem zufälligen Kontakt mit Fans zurückschrecken.

In den späten achtziger Jahren forderte dieses Leben ganz offensichtlich seinen Preis. Sein Gewicht schien ziemlich zu schwanken, sein Gesicht sah zuweilen ganz schlaff aus – er wirkte ganz und gar nicht wie ein Mann, der auf sein Äußeres achtete. Er sah verletzlich aus und manchmal sogar ein wenig verloren. Er hatte immer erklärt, er könne keine Antworten bieten; doch nun sah es zum erstenmal so aus, als habe er die Wahrheit gesagt. An manchen Abenden, an denen er wie ein Mann in einem Spiegelsaal vor sich selbst floh, mußte man schon sehr genau hinsehen, um die Züge des Jungen auf dem Cover von *Freewheelin'* noch zu erkennen.

Doch plötzlich, ohne erkennbaren Grund, war alles wieder anders. Im März 1989 ging Dylan nach New Orleans, um mit der Arbeit an einer neuen LP zu beginnen. Er tat sich mit Daniel Lanois zusammen, dem Produzenten von U2, den er kennengelernt hatte, als er für deren Album *Rattle and Hum* ein bißchen Gesang und Mundharmonikaspiel beigesteuert hatte. Lanois, der mit einem Minimum an Technik auskam und ein ungewöhnliches Ambiente plüschiger Langeweile in konventionellen Aufnahmestudios vorzog, entdeckte ein altes Mietshaus, ließ alles Gerät dorthin bringen und verwandelte es vorübergehend in ein Studio für die Produktion von *Oh Mercy*.

Bei seiner Arbeit mit U2, Robbie Robertson, den Neville Brothers und Peter Gabriel hatte Lanois eine Vorliebe für natürliche Klänge bewiesen sowie einen Spürsinn für Klangschichten mit einer ungewöhnlichen Tiefenschärfe, indem er sich sparsamer Mittel bediente und eine geradezu filmische Wirkung erzielte, ohne das Ganze zu überladen. Besonders seine herrliche Version des Nevilles-Stücks *With God on Our Side* zeichnete sich durch Phantasie und Feingefühl im Umgang mit diesem schwierigen Song aus. Unter Lanois' Einfluß klang Dylan auf ganz natürliche Weise so entspannt wie seit den späten siebziger Jahren nicht mehr: Sein Vortrag war nicht forciert, sondern präzise und ausdrucksstark, und irgendwie gelang es Lanois, ihm eine Reihe von absolut zufriedenstellenden Songs zu entlocken. *Everything Is Broken* – ein einfacher Blues-Shuffle, der mit einem kräftig hallenden Gitarrenriff kontrastierte, das an die alten Platten der Staple Singers erinnerte – wurde ein *Subterranean Homesick Blues* für verunsicherte Mittvierziger: »Broken bodies/Broken bones/ Broken voices/On broken phones...« Er hätte nie so straff und faltenlos klingen können ohne Lanois' besondere Gabe, den Sound auf den Punkt zu

bringen, ohne ihm seine Spontaneität zu nehmen. *Man in the Long Black Coat* war ein weiterer Hit, eine Westernballade, die noch einmal die Stimmung von *Pat Garrett jagt Billy the Kid* beschwor. Die LP insgesamt war überzeugend und in sich stimmig und konnte es durchaus mit jüngeren Konkurrenten wie REM und den Cowboy Junkies aufnehmen. Auf der ganzen Welt war die Meinung der Kritiker einhellig: das Beste seit *Blood on the Tracks*.

Im Mai 1989, ein halbes Jahr vor Erscheinen der LP, flog Dylan nach Schweden und begann dort seine berühmte »Unendliche« Tournee mit einer Drei-Mann-Band: G. E. Smith, dem extrovertierten Gitarristen von Hall & Oates, Kenny Aaronson, dem Bassisten, und Christopher Parker, dem Schlagzeuger. Wie immer wurde das Programm aus dem Stegreif gespielt, aber selbst die ersten Shows hatten bereits eine erstaunliche Wirkung. Die Verstärker waren voll aufgedreht, die Gitarren zerschnitten die Luft, und die Schlagzeugwirbel brachen sich an den Wänden. Dylan grinste wie ein Totenkopf und stürmte durch seine gesamte musikalische Biographie – von einem überzogenen *Barbara Allen* zu einem schnellen *Like a Rolling Stone,* das durchgehend auf einem einzigen Ton gesungen wurde und dennoch irgendwie ein aufregendes Meisterwerk an stimmlicher Phrasierung war. Das war alles andere als synchron, aber das war trotzdem bester Rock 'n' Roll, der ganz im Gegensatz zu den weichen Tempi und der nach-

denklichen Stimmung von *Oh Mercy* stand (die Platte war inzwischen herausgekommen und so begeistert wie keine andere LP im vergangenen Jahrzehnt aufgenommen worden).

Die Tournee setzte sich in Amerika fort und zog sich bis zum Jahresende hin. Im Januar 1990 allerdings machte Dylan einen schweren Fehler. Statt Lanois zu überreden, eine Nachfolgeplatte aufzunehmen, wandte er sich einem anderen heiß gehandelten jungen Produzenten zu: Don Was, der zusammen mit seinem Bruder David die Avantgarde-Soulrevue Was machte. Vielleicht spielte bei der Entscheidung auch mit, daß er wieder in Los Angeles war – wie auch immer: *Under the Red Sky* war ein unvermittelter Rückfall in die schlechte alte Zeit der inhaltsleeren Songs und der hilflosen Versuche, wie verschiedene wohlbekannte Ausgaben von Bob Dylan zu klingen. Der Tiefpunkt kam gleich beim ersten Song unter dem Titel *Wiggle, Wiggle,* der weniger eine amüsante Neuheit als eine Beleidigung für seine Zuhörer war. Diesem Stück hatte Slash, der Leadgitarrist der Rockband Guns 'N' Roses aus Los Angeles, die Ehre seiner Mitarbeit gegeben; wie es hieß, soll Dylan ihn aufgefordert haben, »genauso wie Django Reinhardt« zu spielen.

Während die LP in Vorbereitung war, ging Dylan mit seiner Tourneeband wieder auf Reisen. Er startete am 12. Januar mit einer vierstündigen und vierzig Songs umfassenden Aufwärmsession vor dem Publikum in Toad's Place

DER MANN MIT DER KOPFBEDECKUNG IN DER RDS ARENA VON DUBLIN AM 3. JUNI 1989, IM ERSTEN JAHR DER NEVER-ENDING-TOURNEE. ZU DEN ZUGABEN ZÄHLTE AUCH *EILEEN AROON,* DAS ER VOR VIELEN JAHREN BEI DEN CLANCY BROTHERS UND TOMMY MAKEM KENNENGELERNT HATTE.

in New Haven, Connecticut. Ein paar Wochen später war die Truppe schon wieder in Europa, wo sie vier Abende lang im Grand Rex Theatre in Paris und sechs Abende im Hammersmith Odeon in London spielte – zum Entzücken der Fans, die sich in ihren wildesten Träumen nicht hätten vorstellen können, daß Dylan jemals wieder in kleineren Sälen auftreten würde, wo der Sound richtig ausgesteuert und das Ganze ordentlich über die Rampe gebracht werden konnte. Nun war die Musik wieder besser organisiert, die Stimmung sanfter und der akustische Programmteil – bei dem Dylan und Smith ein feines Gitarrenzwischenspiel einlegten – besonders eindrucksvoll. In Paris schien er die Ehrung durch den französischen Kulturminister Jack Lang zu genießen, der ihn feierlich zum Commandeur des Ordre des Arts et Lettres ernannte. »Merci mille fois«, bedankte er sich artig.

Als er wieder in den USA war, spielte Dylan mit den Byrds bei einem Gedenkkonzert für Orbison und nahm die zweite LP der *Wilburys* auf – seltsamerweise *Volume Three* betitelt –, ehe er sich für den Rest des Jahres noch intensiver in den Tourneestreß stürzte. Das Erscheinen von *Under the Red Sky* sorgte unterdessen wieder einmal für das vertraute Zähneknirschen. »Es ist klar, daß ich nicht ewig gefragt sein werde«, bemerkte er einmal. »Der Tag wird kommen, an dem es überhaupt keine Platten von mir mehr geben wird, und dann können die Leute nicht mehr sagen, tja, die ist nicht so gut wie die letzte.«

Bei der Verleihung der Grammy Awards am 20. Februar 1991 wurde Dylan für sein »Lebenswerk« ausgezeichnet. Mick Jagger versuchte die Leute anzufeuern, als Dylan und seine Band in der Radio City Music Hall *Masters of War* spielten – ausgerechnet vor einem Publikum, das noch ganz unter dem Eindruck des Golfkriegs stand.

© 1991 R. CORKERY/LGI/REX FEATURES

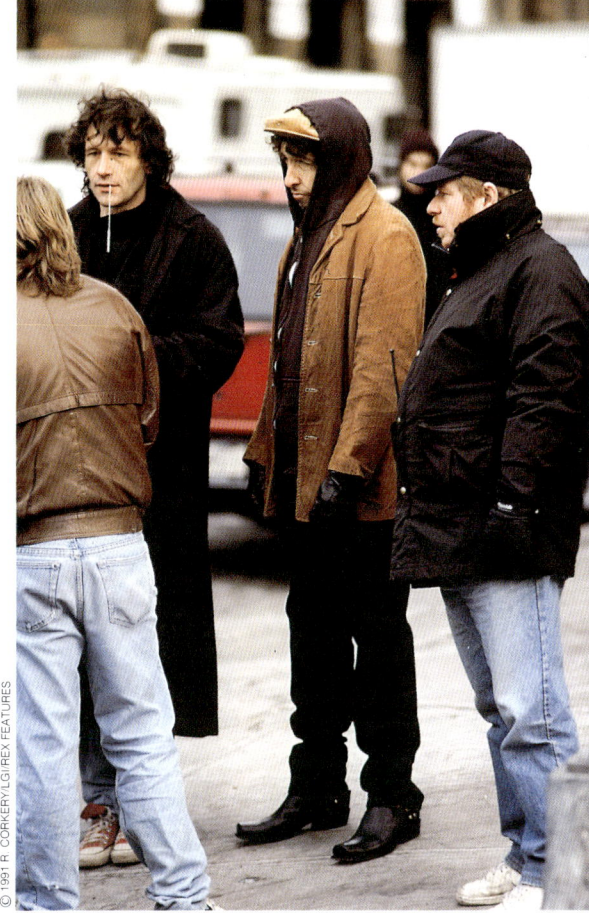

Bei Video-Aufnahmen in New York 1991. Dylan engagierte sich zwar sehr für den Film, und die ersten beiden Minuten des Films *Don't Look Back* aus dem Jahre 1965 können vielleicht als das erste Rock-Video angesehen werden, doch im ganzen ging seine Arbeit für die MTV völlig daneben.

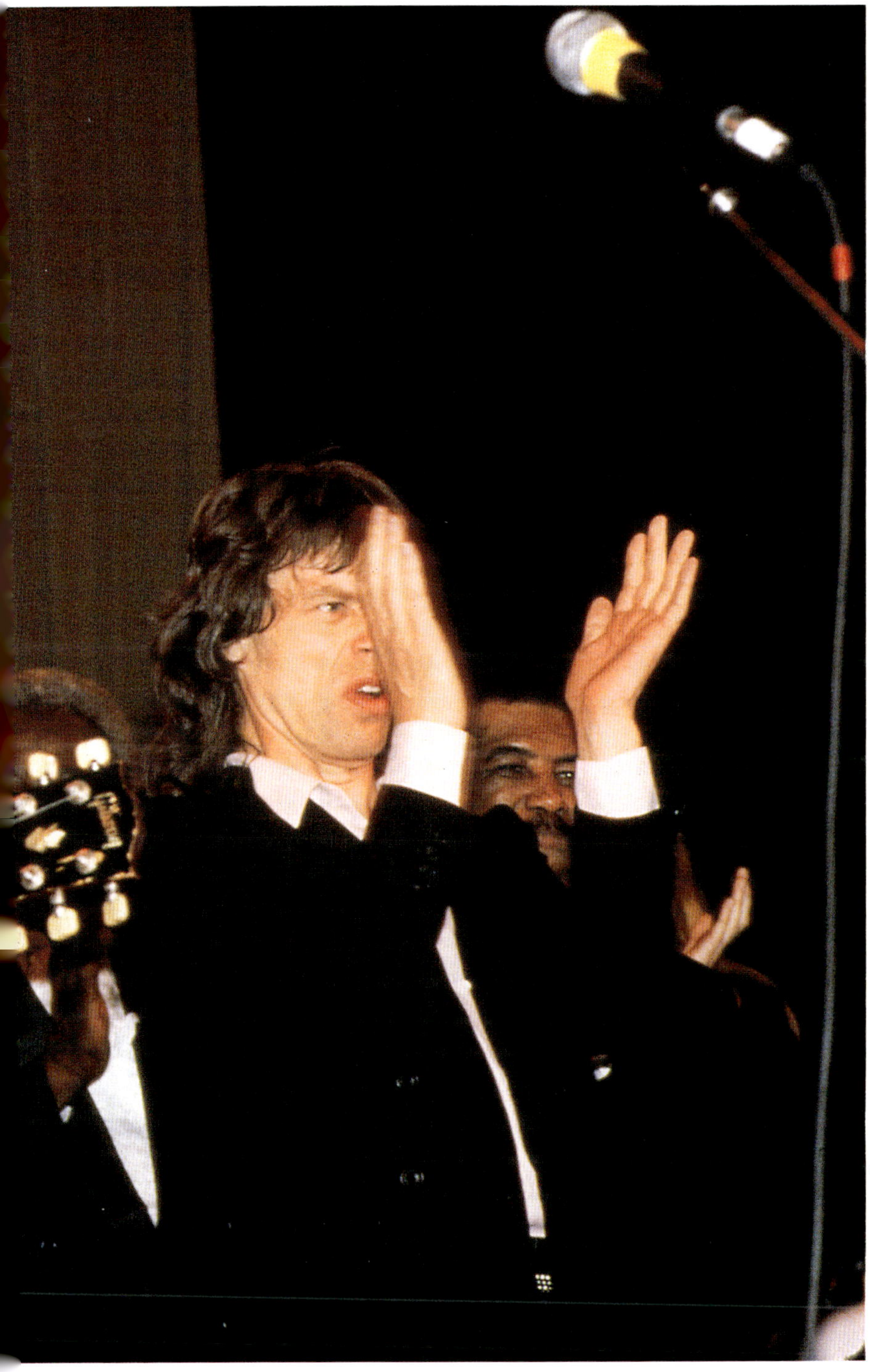

© CORKERY NEWS/GLOBE PHOTOS

Dylan ging auf die Fünfzig zu. Bei der Verleihung der Grammy Awards im Januar 1991 wurde er für sein Lebenswerk ausgezeichnet. Die Columbia bereitete unter dem Titel *The Bootleg Series* das Erscheinen einer Kassette mit drei CDs vor, damit waren so wichtige Songs aus Dylans Schaffen wie *Mama You Been on My Mind, Farewell Angelina, Blind Willie McTell* und *Series of Dreams* zum erstenmal offiziell erhältlich. Eine englische Zeitung plante einen Artikel, in dem Prominente mitteilten, was sie ihm zu seinem Geburtstag im Mai schenken würden. »Anonymität«, sagten Dave Van Ronk und Bobby Neuwirth unabhängig voneinander. »Etwas, an das er glauben kann«, äußerte Billy Bragg. »Ein nagelneues Käppi aus Leopardenfell«, wünschte ihm Marianne Faithfull, die das Original 1965 getragen hatte. »Seelenfrieden« (Johnny Cash), »Fünfzig Dimes und fünfzig Tamburine« (Roger McGuinn), »Meinen Cadillac« (John Lee Hooker), »Ein Paar Turnschuhe« (Judy Collins). »Eine gute Zeit«, sagte Dana Gillespie, die die Englandtournee von 1965 eine Zeitlang begleitet hatte. »Einen neuen Hut und einen guten Song« (Mick Jagger), »Das gepunktete Hemd, das er 1965 getragen hat« (Bob Geldof). »Jugend und Schönheit und keine weiteren Biographien«, erhoffte sich für ihn Suze Rotolo.

BEI DEN PROBEN FÜR DAS GITARREN-LEGENDEN-FESTIVAL IN SEVILLA IM SOMMER 1991. DYLAN SPIELTE *ALL ALONG THE WATCHTOWER* MIT EINER BAND, ZU DER AUCH RICHARD THOMPSON UND JACK BRUCE GEHÖRTEN, ER SANG *BOOTS OF SPANISH LEATHER*, DEN SONG *ACROSS THE BORDERLINE* VON RY COODER UND JOHN HIATT SOWIE MIT THOMPSON DEN ALTEN POP-KLASSIKER *ANSWER ME*, UND SCHLIESSLICH JAMMTE ER MIT KEITH RICHARDS EIN AUSGELASSENES *SHAKE, RATTLE AND ROLL*.

An einem eiskalten Abend im Januar 1992, als der Verkehr auf den verschneiten Londoner Straßen wie erstarrt schien, tappten wir zum Hammersmith Odeon, um die jüngste Episode der Dylan-Saga mitzuerleben. Begleitet von einer anonymen neuen Vier-Mann-Band, trat Dylan in einer merkwürdig eckig wirkenden karierten Jacke auf, die so aussah, als gehörte sie jemand anderem. Er agierte mit einer Art störrischer Lethargie, wobei er ständig zur falschen Mundharmonika griff, Worte vergaß, ganze Strophen von *Desolation Row* wegließ und sich alles in allem wie der Junge benahm, dessen ganzer Ehrgeiz es nach der High School gewesen war, zu Little Richard zu stoßen. Als er dann einen meiner alten Lieblings-songs entstellte, indem er dessen wunderbare Melodie und unvergleichlichen Text in einen unverständlichen Lärm verwandelte, wandte ich mich an meine Platznachbarin. »Na ja«, sagte ich, »ich denke, es sind seine Songs, und er kann damit machen, was er will.« Sie dachte kurz darüber nach. »Ja, das scheint er wohl auch zu denken.«

SELBST NACH SO VIELEN JAHREN SEINER KARRIERE HATTE ER NOCH PROBLEME MIT ENGLAND. HIER VERSUCHT ER, IM FEBRUAR 1991 IN HEATHROW, VOR DEN PAPARAZZI ZU FLÜCHTEN.

REX FEATURES

GEGENÜBERLIEGENDE SEITE:
EIN ROCK 'N' ROLL-STAR MIT FÜNFZIG:
MAILAND, 8. JUNI 1991.

# Bibliographie

Bauldie, John: Booklet zu *The Bootleg Series.* New York 1991.

Cott, Jonathan: *Dylan.* New York 1984.

Crowe, Cameron: Booklet zu *Biograph.* New York 1985.

Dylan, Bob: *Tarantula.* New York 1971. Dt. *Tarantel.* Frankfurt a. M. 1976.
*Writings and Drawings by Bob Dylan.* New York 1973. Dt. *Texte und Zeichnungen.* Frankfurt a. M. 1975.
*Lyrics 1962–1985.* New York 1985. Dt. *Texte/Lyrics 1962–1985.* Frankfurt a. M. 1987.

Green, Jonathan: *Days in the Life.* London 1988.

Gross, Michael: *Bob Dylan: An Illustrated History.* London 1978. Dt. *Bob Dylan.* Bergisch-Gladbach 1982.

Hammond, John: *John Hammond on Record.* New York 1977.

Heylin, Clinton: *Behind the Shades.* New York 1991.

Humphries, Patrick/Bauldie, John: *Oh No! Not Another Bob Dylan Book.* New York 1991.

Kramer, Daniel: *Bob Dylan.* Secaucus/New Jersey 1967.

Krogsgaard, Michael: *Positively Bob Dylan: A Thirty-Year Discography, Concert & Recording Session Guide, 1960–1991.* Popular Culture, Scandinavian Institute for Rock Research 1991.

McGregor, Craig (Hrsg.): *Bob Dylan: A Retrospective.* New York 1972.

Scaduto, Anthony: *Bob Dylan: An Intimate Biography.* New York 1971.

Shelton, Robert: *No Direction Home.* London 1986. Dt. *Bob Dylan. Sein Leben und seine Musik.* München 1988.

Shepard, Sam: *Rolling Thunder Logbook.* New York 1977. Dt. *Das Rolling-Thunder-Logbuch.* München 1988.

Spitz, Bob: *Dylan: A Biography.* New York 1988.

Stein, Jean: *Edie.* London 1982.

Thompson, Elizabeth/Gutman, David (Hrsg.): *The Dylan Companion.* New York 1990.

Ferner wurden für dieses Buch Interviews von Jonathan Cott, Robert Palmer, Kurt Loder und anderen herangezogen.

Dank an Howard Thompson.

# Register